les nourritures bienfaisantes

Introduction

Ce livre n'est pas :

— Un recueil de recettes,

— Un manuel de diététique chinoise,

— Un cahier de yoga,

— Une méthode,

— Un ouvrage psy.

Ce livre est :

— Une proposition pour vivre mieux, faire la paix avec son système digestif et son corps,

— Une vision de ce qu'est un mode de vie respectueux du vivant,

— Un florilège d'informations pour faire des choix plus conscients,

— Une suite de recettes imaginées dans le plaisir et pour le plaisir... des yeux, du ventre et de l'esprit,

— Une promenade végétale et végétarienne gaie et colorée.

QUAND LES ÉMOTIONS SE CUISINENT…

Mange-t-on pour s'émouvoir ou nos émotions nous poussent-elles à manger ?

C'est un peu la question de « qui de l'œuf ou de la poule » et, finalement, l'histoire se joue sans qu'il soit vraiment besoin de le savoir car les émotions colorent notre vie. Elles sont des messages du corps. Des messages vivants, qui s'éprouvent plus qu'ils ne se « gèrent », pour nous inviter à prendre soin de nous dans toutes les dimensions de notre être, physique et psychique.

La médecine traditionnelle chinoise (MTC), qui pose la bonne santé comme un équilibre entre le corps et l'esprit, travaille avec quatre émotions qu'elle relie, pour chacune, à un couple organe-viscère et une saison (*voir page suivante*). Même si, en apparence, elles nous semblent être le fruit de notre sensibilité en réponse aux expériences vécues, les émotions sont, pour les Chinois, intimement liées à la physiologie du corps. Et on ne saurait démentir cette approche, car enfin qui n'a jamais eu le sentiment de traverser une émotion forte sans prolongation dans le corps ? Vécu une colère noire sans maux de tête, ressenti une peur indicible sans douleurs lombaires ?

De la même manière, les Chinois rattachent chacune de ces quatre émotions primaires que sont la peur, la tristesse, la colère et la joie, à une saison. Nul besoin d'entrer dans des explications complexes pour en comprendre l'intelligence, il suffit d'observer les sentiments qui sont les nôtres au fil des saisons. Flâner jusque tard dans la soirée en été, puis voir les arbres dénudés à l'automne influe incontestablement sur notre humeur, qui, au gré des journées ensoleillées et des nuits froides, passe de la jubilation à la nostalgie.

S'appuyer sur cette lecture du monde et de son organisation offre un cadre pertinent pour penser notre rapport à la nourriture, aux soins du corps et de l'esprit.

• LA PEUR •

C'est l'émotion racine en lien avec notre besoin de sécurité. Il existe mille raisons d'avoir peur – peur de manquer, peur de rater, peur de l'avenir, peur d'être ridicule... Elle est associée au danger et, sur le plan physiologique, elle prépare le corps soit à fuir, soit à lutter. Mais lorsqu'elle devient trop envahissante, elle diminue les capacités de mémorisation et d'attention, fige, contracte et, ce faisant, pour la MTC, elle peut être à l'origine de ballonnements, de lombalgies, de sciatiques...

• LA TRISTESSE •

La tristesse débarque et voilà que le corps s'affaisse, la pensée se vide et la respiration se fait courte. La peine essouffle, inhibe pour finir par épuiser, et pourtant, c'est la seule émotion à nous offrir l'occasion d'une « pause » dans le temps et une « pose » dans l'espace avant de repartir de plus belle.

• LA COLÈRE •

La colère est en lien avec la place, l'identité dans la situation ou la relation à l'autre. Équilibrée, on la dit volontiers « saine » puisqu'elle défend notre « territoire ». La tension en est le signal. Sous l'effet de la colère, les muscles se contractent, le cœur accélère, les pupilles rétrécissent. Le corps se prépare à la lutte jusqu'à ce que, trop intense, la lutte bascule dans le conflit et son cortège de symptômes : maux de tête, crampes, affaiblissement du système immunitaire.

• LA JOIE •

La joie est certainement l'émotion la plus addictive, parce que jugée « bonne » par le cerveau. La joie augmente l'ampleur de notre respiration jusqu'à réchauffer tout le corps. Elle participe à l'impression de vitalité, au sommeil récupérateur, à la digestion aisée. Mais si la joie frôle l'euphorie, apparaissent alors des palpitations, des difficultés à la concentration, des maux de tête, des insomnies.

Écouter nos émotions, se mettre au diapason des saisons, en adoptant les pratiques, les mouvements et tous ces gestes livrés ici, est le plus sûr moyen pour vivre au mieux de notre forme. Préserver notre vitalité ou retrouver notre énergie.

L'alimentation (notre première médecine selon Hippocrate, médecin grec de l'Antiquité) est le pilier de cette intention. Tout commence là, dans ce soin, ce souci que nous mettons à choisir les ingrédients, à les combiner et les cuisiner.

Il s'agit d'une part de manger sainement (c'est-à-dire varié et équilibré) en ouvrant les yeux sur la provenance des produits, mais aussi la façon dont ils ont été cultivés – avec ou sans pesticides, en pleine terre ou hors sol, cueillis à maturité ou précocement –, et fabriqués – avec ou sans additifs, ici ou à l'autre bout de la planète, artisanalement ou industriellement.

Et d'autre part, de se réconcilier avec le « faire à manger » qui souvent nous oppresse parce qu'obligé, répétitif.

En y mettant de la conscience plutôt que de l'urgence, et surtout en essayant d'introduire une dimension plaisir, grande absente de ce rendez-vous quotidien, nous avons la possibilité de revisiter nos habitudes, bousculer nos *a priori*... et découvrir en nous d'infinies possibilités d'adaptation, de liberté... Parce que se nourrir, en plus d'un plaisir, est un acte de santé et de bienveillance envers nous-mêmes.

ALLER UN PEU PLUS LOIN...

Et si vous en profitiez pour essayer de...

— Regarder comment vous abordez la lecture des recettes, des informations. Quels sentiments sont présents à ce moment-là, tout particulièrement ? Y a-t-il de la résistance ? De l'excitation ? De l'amusement ?

— Observer votre humeur lorsque vous cuisinez/passez à table. Quelle est-elle ?

— Écouter ce que vous vous dites après avoir fini un repas...

— Aller dans votre corps lorsque vous cuisinez/mangez : sentez-vous de la tension, de l'agitation, des frissons ou encore de l'ouverture ? Et dans quelle partie du corps cela se manifeste-t-il ?

— Parcourir vos mécanismes. Suivez-vous les recettes et les propositions à la lettre ou piochez-vous dans les idées ? Et au nom de quoi ? De votre besoin de sécurité ? De liberté ?

Pas de jugement. Il n'y a ni bonne ni mauvaise façon de faire. Il y a *votre* manière d'entrer dans l'expérience et de prendre soin de vous. Les repas sont un excellent moment pour observer certains de nos rapports à la différence, au plaisir et à l'attention que nous portons à ce dont nous avons besoin ou pensons avoir besoin.

Soyons curieux·ses et à l'écoute de nos ressentis !

Les indispensables du placard

C'est un peu plus qu'un placard de base... Ce sont les produits que l'on trouve toujours chez moi, présents à des périodes différentes, selon la saison, mais aussi mes envies et les marottes du moment. Huiles, épices, herbes... Ils permettent d'improviser ou de composer des assiettes saines et plaisantes pour le corps et l'esprit.

LES HUILES

En dehors de l'huile d'olive (fruits mûrs ou fruits verts) et de l'huile de coco (sans aucun intérêt nutritionnel et à choisir extra-vierge et surtout pas désodorisée), il y a l'huile...

· DE LIN ·

C'est la plus riche en oméga 3 et sa saveur assez fraîche colle avec tout ce qui est végétal.

· DE CAMELINE ·

Reconnue comme « alicament » depuis 1998, elle pourrait être la numéro 2 avec un goût très herbacé.

· DE CHANVRE ·

Un peu plus d'oméga 6 que d'oméga 3, mais une douceur en bouche rappelant la noix.

· DE CHIA ·

Un taux intéressant d'oméga 3 et une légère saveur de noix.

· DE SOJA ·

Onctueuse, cette huile extraite de la graine de soja contient une proportion plus élevée d'oméga 6 que d'oméga 9 et 3.

· DE NOIX ·

Une texture dense et un palais très présent pour un rapport oméga 3/oméga 6 bien équilibré.

· DE COLZA ·

Sa petite note de chou ne fait pas l'unanimité alors qu'elle affiche la meilleure balance d'acides gras.

· DE SÉSAME ·

Un taux intéressant d'oméga 9 et 6, de vitamines E et K sur des notes épicées.

LES VINAIGRES

Loin d'être accessoires, ils peuvent même faire la différence dans un assaisonnement avec un bénéfice santé non des moindres : le contrôle de la glycémie.

• DE CIDRE •

Du jus de pomme fermenté pour ce cidre très à la mode (il faciliterait la perte de poids en régulant la glycémie sanguine et en diminuant l'insuline), il doit être choisi non pasteurisé pour profiter de ses bienfaits.

• DE MIEL •

Élaboré à partir d'hydromel (mélange de miel frais et d'eau de source) non alcoolisé, son acidité (5°) est plus faible qu'un vinaigre de vin rouge (6° à 7°).

• BALSAMIQUE •

Il est un peu plus sucré que les autres et fabriqué à partir de moût de raisins plus ou moins cuits et vieillis. Blanc, il a des arômes doux de fruits frais, rouge, sa saveur est plus corsée.

• DE RIZ •

Très utilisé dans la cuisine japonaise, il est fabriqué à partir de riz fermenté et est particulièrement doux (4,5°).

• DE DATTES •

Une jolie robe brune et une rondeur en bouche pour ce vinaigre doux d'origine iranienne.

LES ÉPICES

Elles jouent un rôle fondamental dans le plaisir qu'il y a à cuisiner et à manger. Elles apportent de la couleur, font vibrer les papilles et contribuent à la bonne santé du corps.

Note : Préférer les épices en graines plutôt qu'en poudre, à concasser juste avant d'être cuisinées. Penser à mélanger les graines (fenouil, poivre, coriandre...) dans le poivrier pour en profiter facilement au quotidien.

• LE GINGEMBRE •

De préférence frais, c'est un anti-inflammatoire qui, combiné à de l'ail ou de l'oignon, multiplierait ses propriétés antioxydantes. Il stimule la digestion et tonifie les organismes fatigués.

• LA CARDAMOME •

Elle est antiseptique, antispasmodique (pour les ballonnements, c'est top), analgésique et apparemment riche en vitamine B6 qui aide à fixer le magnésium.

• LA CORIANDRE •

Antispasmodique, antibactérienne, carminative, elle participe au bon équilibre de la digestion avec une ressource en minéraux (magnésium, potassium, calcium, phosphore) intéressante.

• LE FENOUIL •

Il est connu pour calmer les troubles digestifs et favoriser les fonctions d'élimination.

• LE CURCUMA •

Frais plutôt qu'en poudre, il facilite la digestion des graisses et aide à maintenir la bonne flexibilité des articulations et l'élasticité des muscles. Ses vertus sont potentialisées par une huile végétale.

• LA CANNELLE •

De Ceylan plutôt que de Chine, elle est antioxydante (parmi les plus efficaces), antibactérienne (élimination des toxines), anti-inflammatoire avec une action bénéfique sur la glycémie.

• LA MUSCADE •

Voilà une saveur chaude et sucrée pour cette épice aux vertus anti-inflammatoires, antiseptiques et stimulantes.

• LE PAPRIKA •

Il est riche en minéraux (potassium, fer, magnésium...) avec une action sur les douleurs articulaires, la circulation sanguine et la santé cardiovasculaire.

LES OLÉAGINEUX

Les oléagineux (du latin *oleum* = huile) sont des fruits (noix, amande, pignon...) ou des graines (sésame, courge...) à haute densité nutritionnelle. À condition de les acheter crus plutôt que grillés ou salés.

· LA NOIX DE CAJOU ·

Hautement énergétique, elle est une source intéressante de magnésium et renferme un pourcentage important d'acides gras mono-insaturés. À consommer avec modération pour des raisons éthiques : l'huile contenue dans sa coquille brûle les mains des personnes qui la décortiquent.

· LA NOISETTE ·

Là encore, la présence de lipides mono-insaturés et d'antioxydants en fait un fruit intéressant pour la santé du système cardiovasculaire.

· L'AMANDE ·

Elle est intéressante pour sa richesse en protéines végétales, fibres (à condition de laisser la peau), minéraux, parmi lesquels le potassium (ce sont les championnes), le calcium et le magnésium (après la noix de cajou).

· LA NOIX DE GRENOBLE ·

Riche en vitamine E (un antioxydant contribuant à freiner le vieillissement cellulaire) et consommée à raison de 6 noix par jour, elle aurait une influence sur la qualité du microbiote.

· LA NOIX DE PÉCAN ·

Elle figure en tête de liste des oléagineux les mieux pourvus en antioxydants.

· LA GRAINE DE COURGE ·

Extraite de la cucurbitacée, elle possède des vertus diurétiques et suffisamment de fibres pour favoriser le transit.

· LA GRAINE DE SÉSAME ·

La présence de lignane lui confère des propriétés hypocholestérolémiantes, anti-inflammatoires et antioxydantes.

· LA GRAINE DE TOURNESOL ·

Riche en acides gras (dont les essentiels polyinsaturés), elle contient suffisamment de vitamine E, protectrice cellulaire.

· LA GRAINE DE LIN ·

C'est la meilleure source d'acide alphalinoléique (AAL), le gras le plus absent de notre alimentation.

· ET LES GRAINES GERMÉES ? ·

Graines d'aromatiques (carvi, coriandre...), de céréales (sarrasin, kamut...), de légumineuses (alfalfa, soja, lentilles...), elles sont avec les jeunes pousses (de pois ou de tournesol) de formidables petits trésors nutritionnels (vitamines, minéraux, protéines, enzymes...) facilement assimilables par l'organisme.

LES LÉGUMINEUSES*

· LES LENTILLES ·

De toutes les couleurs. Vertes pour se plier à toutes les envies, en salade, en plat complet, en soupe... Noires parce qu'elles restent fermes après cuisson. Blondes pour leur douceur en bouche. Et corail, hyperréconfortantes lorsqu'elles deviennent crémeuses. Ce sont d'excellentes sources d'énergie.

· LES POIS CHICHES ·

En bocal de verre, cuits à la vapeur ou en farine pour faire des crêpes ou galettes. En plus de favoriser la sensation de satiété (grâce à leur richesse en fibres) et le transit, ils sont dits diurétiques, stomachiques (ils neutralisent les acides de l'estomac) et vermifuges.

· LES HARICOTS BLANCS ·

Frais à écosser lorsqu'arrive la saison et à congeler crus ou cuisinés. Ils contiennent une quantité appréciable de phytostérols bénéfiques pour la santé cardiovasculaire.

* *Voir également page 26.*

· LES HARICOTS AZUKI ·

De couleur rouge, ils forment cette pâte sucrée japonaise appelée « anko » et utilisée en pâtisserie. Des haricots, c'est le plus riche en antioxydants.

· LES HARICOTS MUNGO ·

Appelés aussi « soja vert », ils font partie des *must* de la cuisine ayurvédique. Ils sont doux et astringents.

· LES POIS CASSÉS ·

En farine, semoule ou flocons pour varier les utilisations, c'est une bonne source de micro-nutriments. Ses glucides semblent avoir moins d'impact sur la glycémie que la pomme de terre.

LES CÉRÉALES

Blanches, et même complètes, elles ont tendance à acidifier l'organisme. Mieux vaut privilégier...

· LE SARRASIN ·

En farine, en semoule, en pâtes (soba), voilà une céréale *gluten free* à la fois nutritive et reminéralisante, riche en rutine, c'est un antioxydant qui protège les vaisseaux sanguins.

· LE RIZ

Noir, semi-complet, basmati, jasmin, japonais... Les qualités (et les textures) diffèrent selon les origines. Quant au problème de l'arsenic inorganique (naturellement présent dans les sols cultivés) contenu dans le riz, un rinçage et prétrempage avant cuisson, puis une cuisson en deux temps (en changeant l'eau entre les deux) permettraient d'en réduire l'exposition.

· L'AVOINE ·

Il contient plus de minéraux que le riz et plus de protéines végétales que les autres céréales. À consommer froid dans du lait plutôt qu'en porridge pour ne pas faire flamber son indice glycémique.

· LE QUINOA ·

Ce n'est pas une céréale (plutôt une herbacée), mais il en joue le rôle en accompagnant légumineuses et/ou légumes avec l'avantage d'être *gluten free* et de ne pas provoquer de pic d'insuline.

· LE KAMUT® OU BLÉ KHORASAN ·

C'est une variété de blé ancien contenant moins de gluten que le blé actuel. Plus digeste, il cache derrière ses notes de noisette une composition riche en micronutriments.

LES SUCRES*

Ils sont présents sous des formes naturelles ayant subi le moins de transformations possible.

· LE MUSCOVADO ·

Complet, non raffiné avec une forte teneur en mélasse (et vitamines) pour ses notes de réglisse et de pain d'épices.

· LE COCO ·

Lui aussi contient des minéraux et des vitamines, mais son indice glycémique équivaut à celui du sucre blanc.

· LE MIEL ·

D'acacia, liquide, ou de fleurs, plus crémeux... Cet antiseptique naturel ne supporte pas d'être chauffé à plus de 37 °C (il perd ses principes actifs). Il se consomme à la cuillère en dehors des repas ou délayé dans une vinaigrette... Et puis il répond à mon souhait d'une approche locavore.

· LE SIROP D'ÉRABLE ·

Fabriqué à partir de la sève de l'arbre éponyme récoltée à la fin de l'hiver ou au début du printemps, il a une saveur plus délicate ou prononcée selon sa robe claire ou foncée. Il est particulièrement riche en minéraux.

* *Voir également page 30.*

Les plantes aromatiques

Elles rehaussent la saveur et l'esthétique des plats, contribuent à une alimentation variée et équilibrée, mais pas seulement. Les herbes aromatiques ont un véritable atout santé... Même si l'effet est relativement limité en raison de la quantité utilisée.

• LA CIBOULETTE •

Elle se reconnaît d'emblée à ses tiges creuses et vertes. À couper aux ciseaux pour préserver sa saveur proche de l'échalote.

Source d'antioxydants et molécules soufrées antimicrobiennes et antiparasitaires.

• LA MENTHE •

Douce, poivrée, bergamote, chocolat... Ses feuilles gaufrées et plus ou moins épaisses rafraîchissent n'importe quel plat.

Antispasmodique, analgésique et rafraîchissante, elle aide à la digestion.

• LE BASILIC •

À grandes feuilles ourlées et charnues, c'est le plus courant. À feuilles pointues, il peut être « citronné ». Pourpre, il se rapproche de la réglisse. Son principal défaut, c'est de perdre toute saveur à la cuisson.

Antioxydant, il agit comme un tonique digestif, carminatif (il soulage les ballonnements), stomachique, source de vitamines C et A.

• L'ORIGAN •

Cette Méditerranéenne aux petites feuilles duveteuses est difficile à trouver en frais alors qu'elle est un indispensable des « herbes de Provence ».

Anti-infectieux et anti-inflammatoire, il soulage également les troubles intestinaux (et notamment crampes, constipations, fermentations...).

• LE CERFEUIL •

Il a des feuilles plus délicates, plus découpées et plus petites que la coriandre ou le persil. Côté saveur, on retrouve des notes d'anis. Hyperfragile, il jaunit en un clin d'œil.

Diurétique et dépuratif, il contiendrait plus de calcium et de potassium que les autres herbes.

• LE PERSIL PLAT •

Plus fin en bouche, mais aussi plus parfumé que le persil frisé, il se repère à ses grandes feuilles lisses accrochées à de hautes tiges.

Reconnu pour sa richesse en vitamine C à laquelle il convient d'ajouter la vitamine K, le fer, le calcium, le bêtacarotène.

Menthe

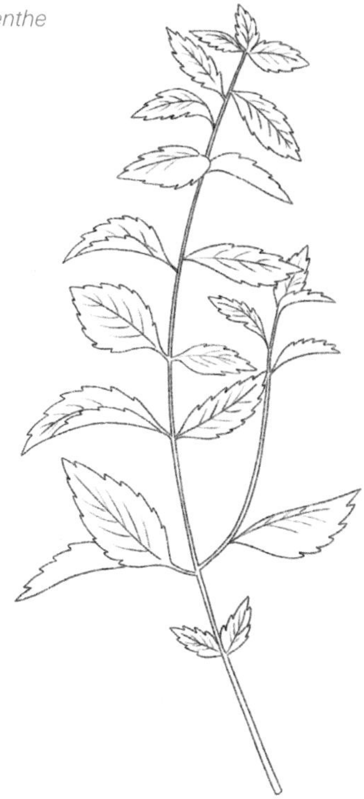

Basilic

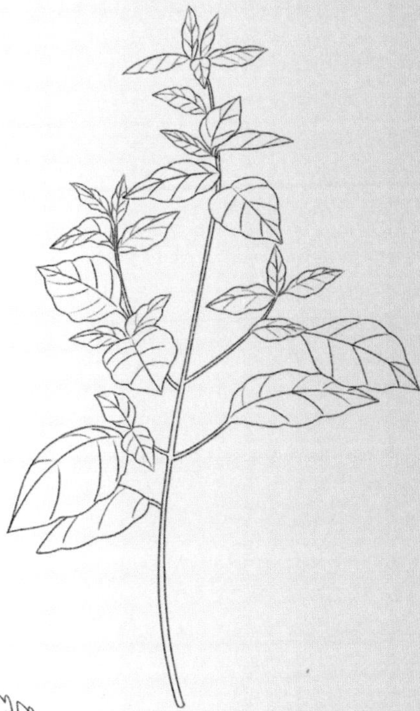

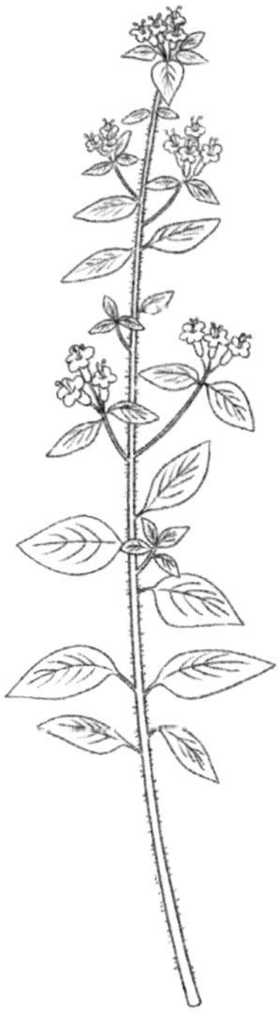

Origan

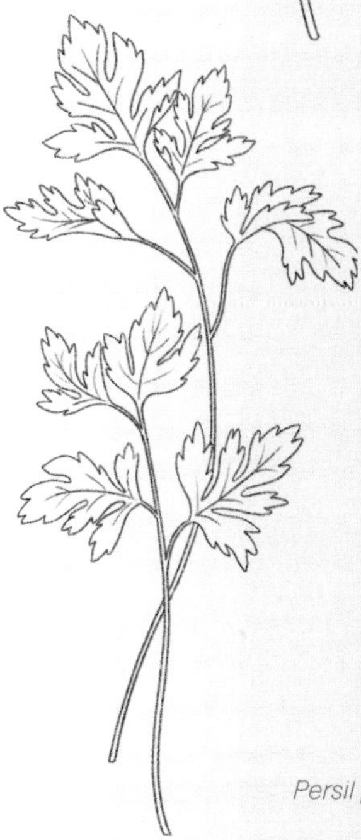

Persil plat

· L'ESTRAGON ·

Avec ses longues et fines feuilles, il affiche un caractère anisé, parfois légèrement amer et poivré.

Légèrement sédatif, il favorise l'endormissement et régule l'anxiété. Antispasmodique, il calme les crampes.

· LA CORIANDRE ·

Elle ressemble au persil, à ceci près que ses feuilles sont plus fines et de couleur plus claire avec une saveur un brin anisée, voire citronnée. La chaleur a tendance à dissiper ses arômes.

La médecine ayurvédique la considère comme détoxifiante (métaux lourds et polluants chimiques). Stimulante, antioxydante, antipyrétique.

· LE THYM ·

Avec ses petites feuilles vert très sombre, c'est un aromate de base et un incontournable du bouquet garni. Frais ou sec, il résiste bien à la cuisson.

Antioxydant (vitamine C), antifongique, antimicrobien puissant (en particulier de la sphère ORL et des bronches) grâce au thymol, il contribue à désengorger le foie.

· LE LAURIER NOBLE OU LAURIER-SAUCE ·

Aux feuilles lancéolées et vernissées, il s'utilise de préférence une fois sec. Il fait partie de ce que l'on appelle le « bouquet garni ».

S'il ouvre l'appétit, il soulage aussi les troubles digestifs et apaise les problèmes ORL (sinusites, rhumes...).

· L'ANETH ·

Avec son apparence de plumeau vert, il possède en bouche un parfum anisé comparable à celui du fenouil, mais en plus doux.

Du calcium, de la vitamine C, du potassium, des fibres (bien évidemment) et des vertus digestives.

· LE ROMARIN ·

Il se distingue par de fines feuilles linéaires et charnues dont la saveur est légèrement amère. À hacher finement avant de l'utiliser frais dans les plats cuisinés.

C'est un excellent tonique pour le foie et stimulant des sucs digestifs.

· LA SAUGE ·

De couleur vert de gris aux feuilles velues, elle dégage des notes fortes de camphre et d'eucalyptus utiles pour réchauffer les plats.

Plante digestive par excellence, elle limiterait les processus inflammatoires et apaiserait le système nerveux central. Dite « œstrogène-like », elle soutient les troubles liés à la ménopause et aux cycles menstruels.

Ces informations sont données à titre informatif et ne sont en rien exhaustives.

Estragon

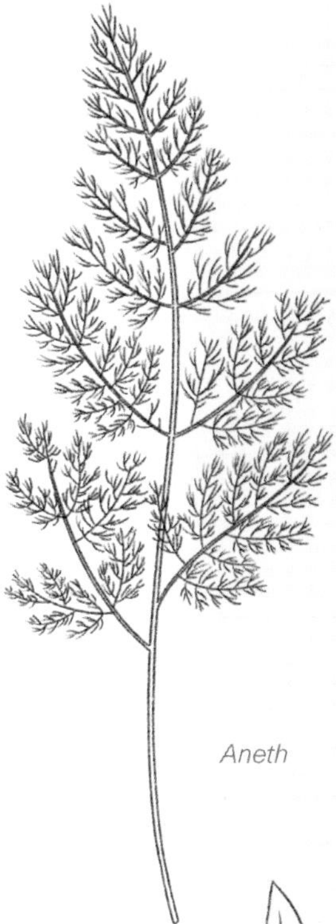

Aneth

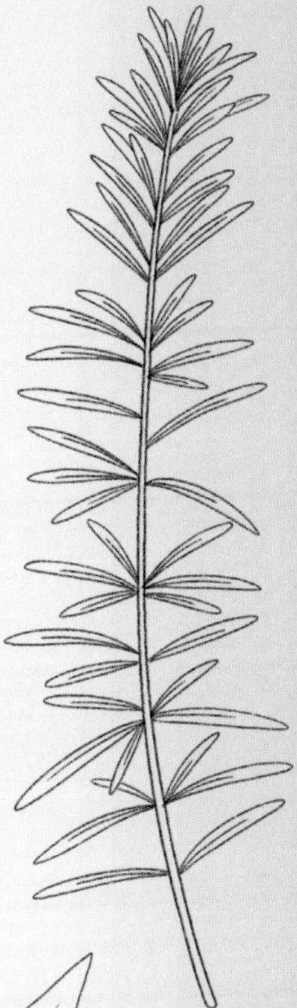

Romarin

Sauge

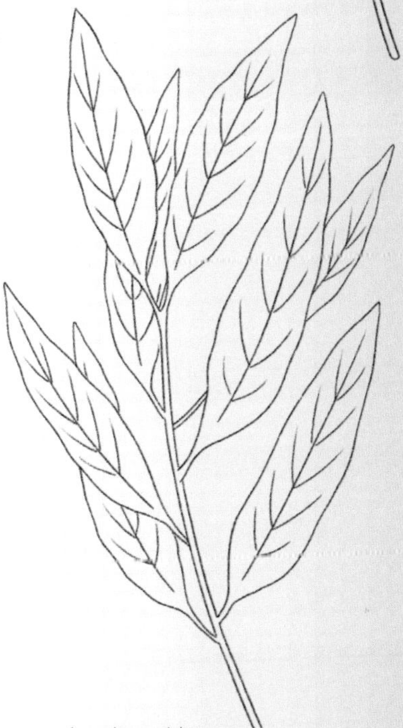

Laurier noble

Les ustensiles

En dehors des indispensables couteaux d'office, épluche-légumes, écumoires, cuillères... il y a quelques éléments, plus accessoires, qui facilitent grandement le quotidien en cuisine.

• UNE MANDOLINE •

Pour trancher, émincer, râper de façon régulière les légumes et les fruits crus et plutôt fermes. Les mandolines les plus simples sont en plastique avec une seule lame en acier inoxydable. Les plus sophistiquées sont dotées de plusieurs lames interchangeables et de longueurs variables avec possibilité de régler l'épaisseur de coupe (jusqu'à 1 cm).

• UN VITALISEUR (DE MARION KAPLAN) •

Un cuit-vapeur en inox à deux étages : une cocotte pour l'eau et un panier (+ quelques accessoires en céramique) dans lequel déposer la viande, le poisson, les légumes, les fruits, les gâteaux, etc. Ce qui fait la différence, c'est sa cuisson douce et son couvercle en forme de cloche qui permet à la vapeur d'eau d'être évacuée sur les côtés plutôt que sur les aliments.

· UN EXTRACTEUR DE JUS ·

Il permet de broyer les légumes et les fruits crus à faible vitesse (sans les chauffer) pour en récupérer le jus. Débarrassés de la pulpe et de leurs fibres, les végétaux sont plus digestes et les nutriments plus accessibles pour l'organisme. Les modèles récents offrent la possibilité de réaliser des purées d'oléagineux. Des comparatifs sur le Net facilitent le choix selon les besoins, l'encombrement, la facilité de nettoyage et le coût.

· UN MIXEUR PLONGEANT ·

Parfait pour les soupes. Les plus sophistiqués (Bamix®) sont accompagnés d'accessoires pour multiplier les fonctionnalités comme hacher, battre, mélanger, fouetter, râper... sans encombrer le plan de travail.

· UN MORTIER ·

Et un pilon... en céramique, en marbre, en bois pour concasser les épices et révéler ainsi la puissance de leurs arômes.

· UNE RÂPE ·

Elle permet, selon qu'elle est équipée de lames fines ou à très gros grains en acier inoxydable, de prélever le zeste des agrumes, râper les épices (noix de muscade), les rhizomes (gingembre) ou les fromages durs (parmesan).

· DES BOCAUX EN VERRE ·

Avec joints de type Le Parfait® ou Weck® équipés de couvercle en verre. Il existe aussi des boîtes alimentaires en inox avec couvercles en bambou ou en plastique pour conserver les restes (à manger dans les 24 heures maximum) ou entreposer de façon saine et hygiénique les aliments dans le réfrigérateur. Des bouteilles en verre avec bouchon à étrier en porcelaine pour les jus ou les boissons végétales.

La cuisson

L'incidence de la cuisson sur les aliments n'est plus à démontrer. Tout le monde sait (ou presque) que l'excès de chaleur élimine vitamines, oligo-éléments, antioxydants, sels minéraux... En revanche, une température et un temps de cuisson maîtrisés préservent les nutriments tout en révélant les saveurs.

· À LA VAPEUR ·

Les cuissons à la vapeur sous pression (l'autocuiseur monte à 140 °C) privent les aliments des sels minéraux, tuent les enzymes et la plupart des vitamines.

Le Vitaliseur (*voir page précédente*), en ne dépassant pas les 95 °C, cuit sans dessécher, garde vivants les éléments nutritifs en laissant tomber dans l'eau les toxines et pesticides de surface.

· À L'ÉTOUFFÉE ·

Cette cuisson à feu doux, longue et à couvert sans ajout d'eau ni de matière grasse, conserve aux aliments une grande partie de leur vitalité. À privilégier : les cocottes en terre, en fonte ou en inox.

· À L'EAU ·

Plus la quantité d'eau de cuisson est importante et moins les aliments auront de saveur. Bouillis plutôt que blanchis (et *al dente*), ils perdent la quasi-totalité de leur valeur nutritionnelle. Exception faite des céréales et légumineuses qui nécessitent une cuisson longue.

· AU FOUR ·

Plus la cuisson est longue et à haute température (> 120 °C) et moins les nutriments sont présents dans les aliments enfournés. À éviter : les légumes trop grillés. En effet, la réaction de Maillard (processus chimiques responsables de la caramélisation et du déploiement de la saveur des aliments) aurait tendance à favoriser les réactions inflammatoires de notre organisme. À la place de l'aluminium (à bannir parce que toxique et pas du tout écolo), utiliser du papier sulfurisé non blanchi.

· À LA POÊLE ·

Sans trop de matière grasse et rapide, elle préserve la qualité nutritionnelle des aliments. Une précuisson au Vitaliseur permet d'en réduire le temps d'utilisation.

· LA TORRÉFACTION ·

Dans une poêle à sec (c'est-à-dire sans matières grasses), la torréfaction des graines comme le sésame, le sarrasin, les noisettes, les noix (de Grenoble ou de cajou), le fenouil, la coriandre... permet de développer les essences aromatiques. À condition de les remuer pour les chauffer rapidement uniformément et sans les brûler.

QUID DES MATÉRIAUX DE CUISSON

Les matériaux ont un impact sanitaire et environnemental qu'il est aujourd'hui difficile d'ignorer. Petit rappel.

Le polytétrafluoroéthylène (PTFE) ou téflon au pouvoir antiadhésif est un perturbateur endocrinien dont on retrouve des composés jusque dans les océans et notre sang*. Il produit des substances nocives à partir de 230 °C, soit au bout de 2 à 5 min à feu vif ! Et s'il est rayé ou éraflé, il laisse apparaître de l'aluminium, toxique pour la santé.

Les revêtements antiadhésifs émaillés sont plus *safe* s'ils sont garantis de très bonne qualité, c'est-à-dire fabriqués en France par une entreprise transparente sur la composition de ses produits.

Le silicone peroxydé est à bannir. Plusieurs enquêtes ont démontré qu'il « relâchait » des composés chimiques dès 160 °C.

Le plus sûr reste **l'inox estampillé 18/10** qui ne présente aucun risque d'échanges toxiques avec les aliments, ne s'oxyde pas et est recyclable à l'infini.

Le verre transparent, et donc non teint, de type borosilicate connu en France sous le nom de pyrex, résiste aux températures élevées sans réagir avec les aliments.

La terre cuite, si elle n'est pas vernie, est un autre matériau de la cuisine santé.

À condition qu'elle ne soit pas émaillée, **la fonte** dans laquelle les aliments mijotent ou sont saisis est une bonne alliée dès lors qu'elle est « culottée » par la répétition des cuissons.

** Fondation Good Planet*

S'intérioriser et réchauffer

hiver

Le soleil perd de son éclat et les jours se font plus courts. Dehors, la nuit dessine un paysage d'ombres et le froid étreint une nature engourdie. Plus rien ne bouge ou presque. Le silence impose une nouvelle texture, dense, pénétrante. La vie paraît s'être mise entre parenthèses et, pourtant, dans les profondeurs de la terre, elle palpite. Lentement, mais assurément, elle se prépare au miracle du printemps. Elle nourrit, répare, prend soin de ce qui a été semé ou a poussé en son sein. Pour elle, comme pour nous, c'est désormais au-dedans que tout se passe. L'intimité de nos foyers devient l'espace d'un équilibre possible pour qui écoute les murmures du corps et de l'esprit.

L'hiver offre, plus que toute autre saison, un temps pour soi. Un temps sensible. Il n'est pas question d'hiberner mais de ralentir afin de préserver ou de restaurer nos forces, asseoir nos désirs et conforter nos valeurs. Le défi est de taille dans une société de l'urgence et du rendement. Et il n'est pas rare qu'il soit accompagné d'agitation, d'anxiété, de méfiance donnant ainsi raison à la médecine traditionnelle chinoise qui fait de la peur et de ses déclinaisons l'émotion phare des jours frileux.

À nous d'y répondre en trouvant du réconfort au travers de choses simples.

En cuisine, elles prennent la tournure de plats mettant en scène le meilleur d'une nature qui se déploie dans l'humus. Les couleurs se télescopent, les saveurs s'enflamment de notes épicées. La gourmandise convoque le moelleux, le confit, le généreux.

Les gestes étirent, réchauffent, enveloppent les corps fatigués ou tendus pour que l'hiver cède la place au jaillissement de la saison suivante en douceur.

Les produits d'hiver

LÉGUMES			
AIL	CÉLERI-RAVE	ENDIVE	POIREAU
AVOCAT	CHAMPIGNONS	FENOUIL	POMME DE TERRE
BETTERAVE	CHOU DE BRUXELLES	MÂCHE	POTIMARRON
BLETTE	CHOU POMMÉ	NAVET	RADIS
BROCOLI	CHOU-FLEUR	OIGNON	SALADE
CAROTTE	CITROUILLE	PANAIS	TOPINAMBOUR
CÉLERI-BRANCHE	COURGE	PATATE DOUCE	

FRUITS			
ANANAS	FRUIT DE LA PASSION	MANGUE	POIRE
BANANE	GRENADE	NOIX	POMME
CITRON	KIWI	ORANGE	
CLÉMENTINE	LITCHI	PAMPLEMOUSSE	

Les légumineuses

Abandonnons l'idée qu'elles sont parfois un peu longues à préparer, tristes à cuisiner ou difficiles à digérer, les légumineuses ont le bon goût de multiplier les atouts.

À L'ÉQUILIBRE

Si les pois, haricots mungo, fèves, lentilles sont tant plébiscités par les végétariens et les personnes qui cherchent à réduire leur consommation de viande ou de poisson, c'est parce qu'ils sont une source intéressante de protéines végétales.

À titre d'exemple : 100 g de lentilles (cuites) apportent 10 g environ de protéines, soit l'équivalent de 50 g de viande rouge... Sans le bagage des graisses saturées, mais aussi, et c'est là leur point faible, sans tous les acides aminés nécessaires à notre organisme. Une carence de ces composés organiques jouant un rôle essentiel dans la structure, le métabolisme et la physiologie de nos cellules, muscles et tissus et c'est notre tension qui s'emballe, notre résistance cardiaque qui s'amenuise et notre bonne humeur qui s'évapore.

Pour bénéficier d'un apport protéique complet et de qualité, il convient de combiner les légumineuses avec des céréales (complètes ou semi-complètes), comme le riz, le sarrasin, le quinoa... Le bon ratio, c'est $^1/_3$ de légumineuses pour $^2/_3$ de céréales. Pas à tous les repas, ni tous les jours.

DES QUALITÉS RECONNUES

Pauvres en graisses, mais riches en fibres (de 4,5 à 16,5 g pour 100 g cuites), les légumineuses ont l'avantage de rassasier plus vite qu'un bol de salade verte tout en prévenant les problèmes de transit. Elles affichent également une teneur intéressante en vitamines (du groupe B), minéraux (magnésium, fer, potassium, zinc) et, oui, des glucides en quantité (jusqu'à 50 % de leur poids), mais pas au point de faire flamber notre taux de sucre. Leur index glycémique est suffisamment bas pour convenir à toutes celles et ceux qui souffrent de maladies inflammatoires.

Le bémol des légumineuses, ce sont leurs sucres fermentescibles que l'organisme a du mal à décomposer et transformer. Un trempage dans l'eau froide (filtrée de préférence) de plusieurs heures (6 à 12 heures), puis deux à trois rinçages peuvent réduire ces sucres de 15 à 58 %. Il neutralise aussi l'acide phytique qui ralentit l'absorption des nutriments au niveau intestinal.

L'ajout à l'eau de cuisson (sans sel) d'algue kombu, de clous de girofle, de feuilles de laurier diminue encore le risque de ballonnements, tout comme un assaisonnement avec des herbes et des épices aux propriétés carminatives aident à la digestion. Le trio gagnant ? Cumin, cardamome, gingembre.

Note. Attention à la date affichée sur les emballages. Les légumineuses doivent avoir été récoltées dans l'année et se conservent au sec dans un bocal hermétique plutôt que dans leur sachet ou boîte en carton.

Les acides gras

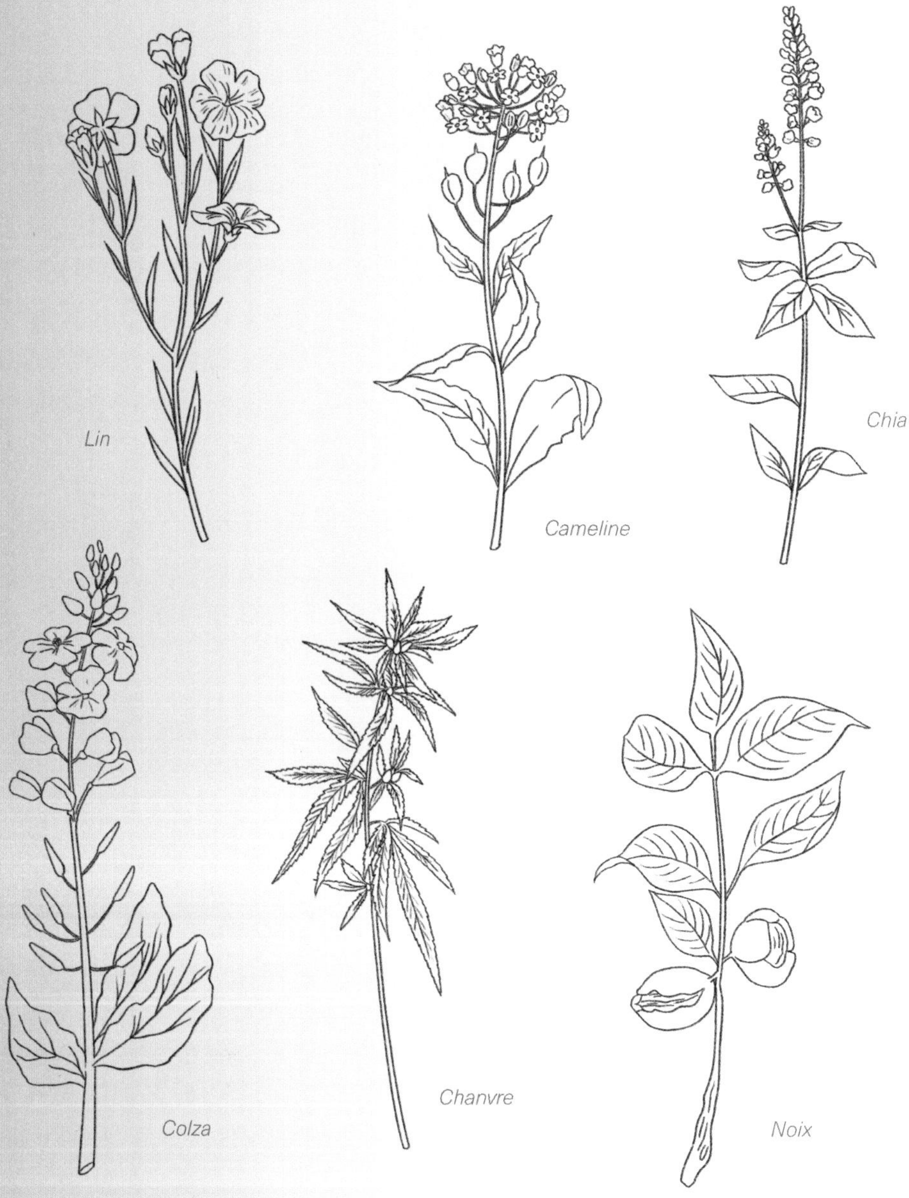

Lipides, graisses, huiles... Voilà des mots qui fâchent. Et pourtant, les acides gras ont du bon. Enfin, certains plus que d'autres.

Le gras, c'est de l'énergie. Pour preuve, 1 g de lipides renferme deux fois plus d'énergie que 1 g de glucides ou de protéines. Et parce que ces lipides entrent dans la composition des membranes cellulaires, ils interviennent dans de nombreuses fonctions physiologiques : fabrication des hormones contrôlant le système immunitaire, action anti-inflammatoire sur le système cardiovasculaire, transport de certaines vitamines... Aucune raison de s'en passer, et ce d'autant que nos besoins en lipides sont évalués entre 60 et 80 g par jour.

DANS LA FAMILLE « ACIDES GRAS », JE VOUDRAIS...

LES HUILES

Les huiles végétales sont constituées à 99 % de lipides qui doivent représenter 35 % des apports énergétiques quotidiens. Elles contiennent en proportions variables des acides gras mono-insaturés : les oméga 9 (antioxydants). Et des acides gras polyinsaturés, dits aussi acides gras essentiels, parmi lesquels les fameux oméga 3 et oméga 6. Ces derniers sont particulièrement importants parce que notre corps ne sait pas les fabriquer et que, dans l'ordre, ils contribuent à la fluidité sanguine, l'élasticité de nos vaisseaux et aux bonnes réponses de notre système immunitaire.

Pour faire correctement le job, le rapport idéal entre oméga 6 et oméga 3 (sous-représentés dans notre alimentation) doit être de 5/2. Cet équilibre permet de réduire les inflammations et maintient un taux normal de cholestérol dans le sang. On va les trouver essentiellement dans l'huile de lin, de colza, de chanvre, de chia, de noix... À choisir avec la mention « vierge extra » obtenue par pression à froid et dans un contenant en verre brun les protégeant de la chaleur et de la lumière.

Quid des deux outsiders ?

Pas d'oméga 3 pour l'huile d'olive, mais des oméga 9 en quantité, et plus particulièrement de l'acide oléique qui protégerait des problèmes cardiovasculaires et de l'hypertension. L'huile de coco vierge extraite à froid est très concentrée en acides gras saturés. Seule la présence d'acide laurique, anti-inflammatoire, antimicrobien... sauve la mise.

LES PRODUITS LAITIERS

Même s'ils présentent une source intéressante de calcium (mais pas forcément plus que les épinards, la roquette ou les graines de pavot) et une teneur correcte d'acides gras essentiels, les laitages (lait, yaourt, beurre, crème...) restent l'objet de maintes controverses.

S'il fallait retenir deux choses en cas de réactions inflammatoires telles que problèmes ORL, ballonnements, crampes, nausées, etc., c'est que la caséine (protéine plus présente dans le lait de vache que dans le lait de brebis ou de chèvre) est une molécule suffisamment grosse pour être longue et difficile à digérer, tandis que le lactose (sucre du lait) nécessite, pour être assimilé, la présence d'une enzyme intestinale (la lactase) qui diminue considérablement avec l'âge.

La solution pour continuer à profiter de la diversité de ces produits sans en pâtir réside dans la consommation de produits fermentés (type kéfir), crus, non pasteurisés ou, pour le beurre, de le clarifier. Le fameux *ghee*, exempt de lactose.

LES OLÉAGINEUX

Amandes, noisettes, cajou... pour les noix. Lin, chia, sésame, courge... pour les graines, les oléagineux contiennent jusqu'à 45 % de matières grasses (un peu plus d'oméga 6 que d'oméga 3), un bon nombre de vitamines, minéraux, fibres, protéines végétales et ils ont l'avantage de se présenter sous des formes variées (de l'état brut à la purée à tartiner en passant par le « lait »). Pour ne pas fatiguer le foie, ils doivent être consommés en petite quantité, et non en grignotage tout au long de la journée, et comme les légumineuses, immergés dans de l'eau de source afin d'être plus digestes et donc mieux assimilés.

Le sucre... un peu, beaucoup, pas du tout

Le sucre, ou plutôt les glucides, une fois digérés se retrouvent dans le sang sous forme de glucose et c'est là le carburant numéro 1 de notre corps.

Sous la bannière « sucres naturels », l'Organisation mondiale de la santé (OMS) range les glucides naturellement présents dans le lait et les produits laitiers (galactose), les fruits, les légumes-racines et le miel (glucose et fructose), les végétaux (saccharose), la semoule de blé ou de maïs (maltose).

Dans la catégorie « sucres ajoutés » ou « sucres libres », les sucres naturellement présents dans le miel et les jus de fruits et de légumes et tous les sucres ajoutés aux aliments et boissons par l'industrie agroalimentaire : mélasse, sirop de glucose, sucre inverti...

Et puis, enfin, il y a les « sucres de synthèse », d'origine végétale ou chimique, franchement moins sympas comme le mannitol, xylitol, sorbitol, aspartame... qui vont se nicher partout (yaourts nature, veloutés, biscuits, etc., mais aussi soupes de légumes, vinaigrettes, chips, purées en flocons...) et qui sont suspectés d'entretenir l'addiction au sucre en plus de nourrir les bactéries pathogènes de notre microbiote.

INDICES ET PIC DE GLUCOSE

Si le sucre est essentiel au bon fonctionnement du corps dans son ensemble, il doit être présent en quantité et en qualité raisonnables, et raisonnées, dans notre alimentation. Pour arriver au juste équilibre des glucides, monosaccharides (sucres simples), qualifiés à tort de « rapides » et polysaccharides (sucres complexes) dits « lents », il existe deux outils :

- **L'indice glycémique** (IG) qui classe les aliments selon leur capacité à faire grimper le taux de sucre dans le sang. Il y a les produits à IG élevé (> 69), à IG modéré (56 à 69) et à IG bas (< 55).
- **La charge glycémique** qui évalue la quantité de sucre présent dans une portion d'aliments. À partir de 20, la CG est considérée comme élevée et inférieure à 10, elle est basse.

Par exemple, 150 g de spaghettis *al dente* auront un IG bas (46) mais une CG moyenne (19,3)*.

* *sante-et-nutrition.com*

Les utiliser permet d'avoir un œil sur le fameux « pic de glucose » qui s'apparente à l'augmentation du taux de sucre dans le sang. À une hausse importante, le corps répond par un manque d'énergie, une perturbation de la satiété et donc une fringale, un dérèglement hormonal, de l'irritabilité, de l'inflammation, de l'oxydation... Et lorsqu'elles sont répétées par un stockage du sucre sous forme de graisses dans les cellules adipeuses, accélération du vieillissement (de tous nos organes) jusqu'aux maladies que sont le diabète, les problèmes cardiovasculaires, les troubles neurodégénératifs...

Favoriser une bonne balance énergétique (et diminuer notre consommation de glucides) passe par :

1. Consommer des fruits entiers plutôt qu'en jus (*voir p. 140*).
2. Oublier le petit-déjeuner riche en sucre le matin (et à jeun) pour éviter le pic de glucose.
3. Choisir des céréales complètes, non soufflées et non grillées (type biscottes).
4. Préférer la cuillerée de miel à celle de sucre blanc dont le pouvoir sucrant est supérieur à quantité égale.
5. Baisser à 80 g la quantité de sucre nécessaire à la confection d'un gâteau et compenser le manque de matière par de la poudre d'amandes, un peu plus de farine sans gluten (riz, sarrasin, millet), de la purée d'oléagineux ou de la compote de pommes.
6. Oser les épices et même les aromates comme le laurier ou le romarin. Dans la compote, les yaourts, les gâteaux..., ils apportent un supplément de saveur qui pallie l'absence de sucre.

La fine fleur du sel

Il rehausse le goût de certains aliments, améliore la texture et prolonge la conservation d'autres tout en limitant la prolifération des micro-organismes... Le sel a toute sa place à table pour peu qu'il soit choisi avec soin et utilisé avec parcimonie.

Le sel joue un rôle essentiel dans l'équilibre physiologique de notre organisme. Il maintient et régule le liquide qui baigne nos cellules et assure la stabilité acido-basique (en combo avec le potassium). Il assure le bon fonctionnement de la thyroïde et intervient dans certaines fonctions métaboliques comme la digestion ou la transmission de l'influx nerveux et la contraction musculaire... Et comme il nous est impossible de le stocker, toute carence en dessous du seuil vital minimum de 2 g de sodium par jour (soit 6,5 g de sel) se traduit par des troubles tels que crampes, insomnies, pertes de connaissance, déshydratation...

À l'inverse, la surconsommation de sel (de 9,5 à 12,4 g/jour) – via le sodium (de 3,8 à 4,9 g/jour) – favorise ou aggrave l'hypertension artérielle, endommage les vaisseaux sanguins et les reins, déséquilibre la flore intestinale, fragilise notre capital osseux en faisant fuir le calcium... D'ailleurs, l'Organisation mondiale de la santé recommande de ne pas dépasser 5 g de sel par jour. Un défi qui exige que nous révisions sérieusement notre assiette, car du sel il y en a partout et à commencer dans le fromage, les légumineuses, les crustacés et même l'eau minérale... Ce qui représente à peu près ¼ du sel caché consommé quotidiennement auquel il convient d'ajouter le sel des produits transformés (salaisons, conserves...) qu'ils soient industriels ou faits maison.

NATUREL OU RAFFINÉ, ÇA CHANGE TOUT

Ce n'est pas le sel qui est dangereux pour la santé, mais l'excès de sodium, et tout comme il y a de « bonnes » et de « mauvaises » graisses, il y a du « bon » et du « mauvais » sel. Ah oui, à savoir, le sel bio n'existe pas !

À l'état naturel, le sel marin (issu des marais salants) ou le sel gemme (extrait de mines rocheuses ou d'eaux de sources souterraines) est de couleur blanche, voire grise, lorsque le fond est argileux. Mais selon la quantité de minéraux et d'oligo-éléments (magnésium, cuivre, potassium, zinc, sodium...) qui le composent, il peut être rose comme le sel de l'Himalaya riche en fer, ou encore

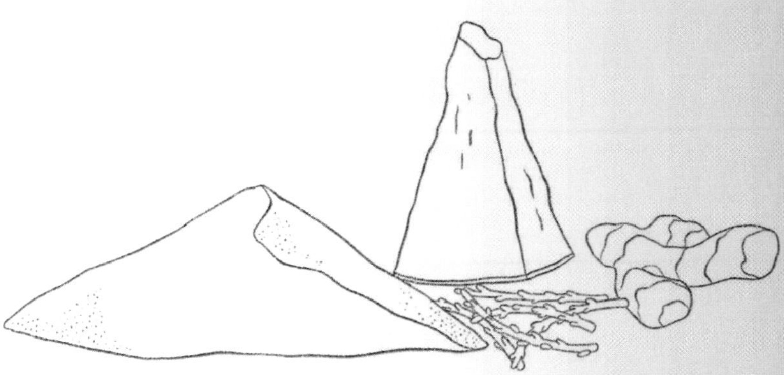

bleu à l'instar du sel de Perse qui doit sa teinte à la présence de sylvinite, un composé proche du potassium. De la même façon, il se présente sous forme de poudre, de cristaux de taille irrégulière jusqu'au bloc à râper. Raffiné par les industriels, il s'affiche en blanc allégé de tous ses minéraux, exception faite du chlorure de sodium (jusqu'à plus de 95 %) sans aucun intérêt nutritionnel, et chargé de quantité d'additifs alimentaires chimiques tels que fixateurs, stabilisants (dextrose) ou encore agents blanchissants et anti-agglomérants (E 544, E 535) contenant de l'aluminium...

COMMENT COMPOSER AVEC MOINS DE SEL

Il existe quantité de combines pour réduire sa consommation de sel sans renoncer au goût.

Le gomasio, ce mélange de graines de sésame toastées contient 4 à 5 % de sel marin gris non raffiné pour un pot de 150 g. C'est-à-dire trois fois rien.

Le dukkah, qui mixe oléagineux, herbes séchées et sel naturel à faire soi-même, permet de contrôler la quantité de sel.

Le parmesan râpé sur les légumes qui ont besoin d'être relevés (asperges blanches, courgettes, haricots verts...) apporte protéines, lipides et minéraux (dont 0,5 g de sodium/100 g).

Les épices à râper ou à écraser au pilon plutôt qu'en poudre pour mieux profiter de leurs qualités nutritionnelles et pour réveiller leur saveur. En particulier, le gingembre dont les fibres en quantité stimulent la digestion. La cardamome, antiseptique, antispasmodique (pour les ballonnements, c'est top) et analgésique riche en vitamine B6 qui aide à fixer le magnésium. Et la coriandre antioxydante, riche en magnésium, potassium, calcium, phosphore.

Le moment pour...

Digestion lente, fatigue latente, toux récalcitrante, manque de motivation... Les maux de l'hiver peuvent être enrayés et la vitalité retrouvée, en adoptant des gestes simples.

LES HUILES ESSENTIELLES (HE)

L'HE d'épinette noire est l'anti-coup de pompe par excellence. Antiseptique, anti-inflammatoire et immunostimulante, elle peut être appliquée en mélange à raison de 2 gouttes dans 20 gouttes d'huile végétale neutre (amande, abricot...) en massage sur la poitrine en cas de toux, ou en friction sur les surrénales (au-dessus des reins, de chaque côté de la colonne vertébrale). Attention, toujours avant midi pour éviter toute insomnie.

En synergie avec quelques gouttes de menthe poivrée pour renforcer l'effet coup de fouet.

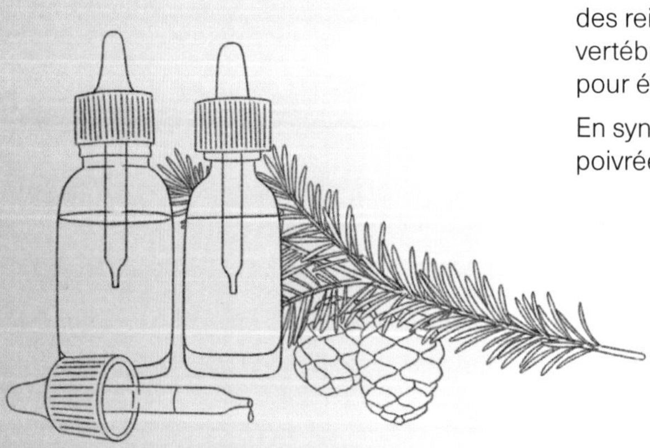

LES MASSAGES

Le pied comme paysage de notre corps intérieur, voilà pour nous inviter à prendre soin de cette partie souvent délaissée de notre anatomie.

La médecine traditionnelle chinoise lie la saison hivernale au rein, réservoir d'énergie vitale. Un manque d'énergie et voilà qu'apparaissent quantité de maux tels que vertiges, céphalées, insomnies, manque de concentration... Pour rétablir l'équilibre, il convient de solliciter un point facilement accessible baptisé *Yong Quan* (source jaillissante). Il est situé sur la voûte plantaire, au milieu d'une ligne reliant le troisième orteil à l'extrémité du talon. Exercer des pressions soutenues avec le pouce ou la jointure de l'index pendant 2 à 3 min sur ce point, un pied après l'autre.

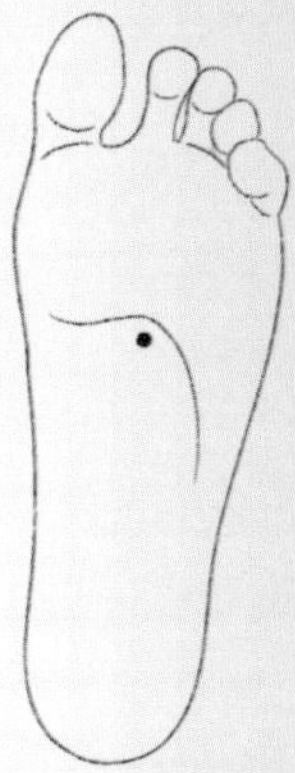

LES TISANES

Pour soutenir une digestion ralentie et souvent plus difficile, il peut être bon de prendre, à la fin des repas, une tisane de romarin (antioxydant), de réglisse (anti-inflammatoire), de mélisse (antispasmodique), seuls ou en synergie. La sarriette, aux propriétés digestives, est aussi une plante antimicrobienne capable de booster le système immunitaire.

SE METTRE AU CHAUD

Se couvrir les reins avec une écharpe ou un foulard de soie permet de contenir l'énergie du rein.

Ces informations sont données à titre informatif, elles ne sauraient en aucun cas constituer une information médicale ni engager notre responsabilité. Pour tout usage dans un but thérapeutique, consultez un médecin. Valable également pour les pages 90-91, 146-147 et 204-205.

Yoga

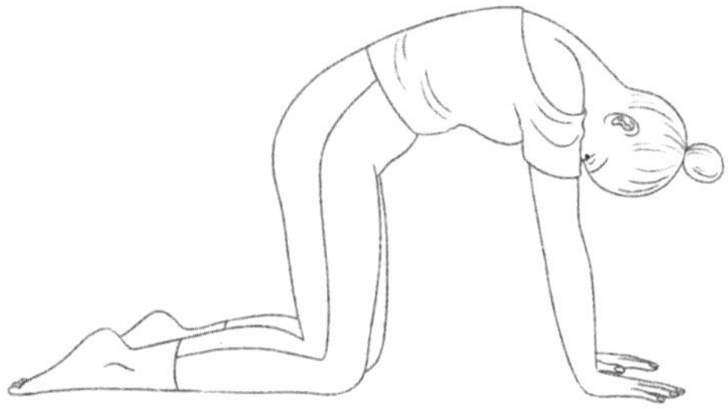

ASSOUPLIR LA COLONNE VERTÉBRALE

Le *chat-vache* est un incontournable du yoga que l'on retrouve dans de nombreuses pratiques en guise d'échauffement. Cet exercice engage toute la colonne, du sacrum aux cervicales. Il permet d'étirer la sangle abdominale, de relâcher les tensions au niveau du petit bassin, de masser les organes de digestion, et de détendre les muscles situés le long de la colonne vertébrale.

Technique

À quatre pattes, les hanches au-dessus des genoux écartés de la largeur du bassin, et les épaules au-dessus des poignets, paumes de main bien ouvertes. La respiration se fait par le nez.

1. À l'inspiration, creuser le dos, en serrant les omoplates et en levant le menton vers le plafond.
2. À l'expiration, arrondir le dos en essayant d'écarter le plus possible les omoplates, le nombril tracté vers la colonne, le menton vers le creux du sternum.

Enchaîner en suivant le souffle naturel. Terminer sur une inspiration, dos creusé, menton vers le haut et revenir, sur une expiration, dos droit, puis amener les fessiers sur les talons pour s'asseoir.

SE RÉCHAUFFER AVEC LE SOUFFLE

Kapalabhati est une succession rapide d'expirations forcées et courtes et d'inspirations passives et plus lentes qui vient tonifier le système nerveux, réchauffer le corps, nettoyer les poumons et masser les viscères de la cavité abdominale.

Cette respiration doit être pratiquée de préférence en début de journée et le ventre vide.

Technique

Assis·e en tailleur, colonne droite, bomber le thorax sans créer de tension dans le haut du corps. Prendre une inspiration et expirer par le nez puissamment et rapidement en tirant le nombril vers la colonne. Relâcher les abdominaux en laissant une inspiration plus longue revenir automatiquement. Continuer ainsi pendant 10 cycles avec un rythme régulier. Reprendre le souffle naturel pendant 20 secondes et recommencer. Effectuer 4 cycles.

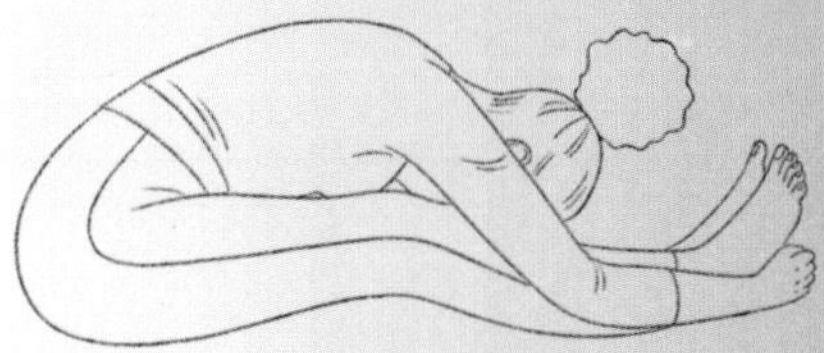

ÉTIRER LE DOS

La posture de la pince ou *paschimottanasana* est une flexion avant du buste qui permet d'équilibrer le système nerveux autonome (sympathique et parasympathique), de calmer l'esprit, d'étirer toute la face arrière du corps, des talons jusqu'au sommet du crâne, de soulager les tensions dans l'abdomen, et de stimuler les intestins, le foie, les reins et les surrénales.

Technique

Pour entrer dans la posture, s'asseoir, les jambes tendues devant soi. Lever les bras au-dessus de la tête sur une inspiration et pencher le buste à partir des hanches pour attraper, selon la souplesse, les orteils, les chevilles ou les tibias.

En posant les fessiers sur un petit support (coussin ou brique), la bascule du bassin est favorisée et la flexion du buste facilitée.

Tenir la posture 1 à 5 min en respirant calmement.

4 betteraves chioggia ou blanches crues
500 g de gros sel de mer
220 g de polenta de maïs
40 cl de boisson végétale de cajou sans sucre
5 branches de thym
1 feuille de laurier
1 c. à c. rase de bouillon de légumes en poudre (Rapunzel®)
10 poireaux baguettes
4 c. à s. de noisettes grillées
100 g de roquette

Pour la vinaigrette

1 morceau de gingembre frais
3 c. à s. d'huile d'olive
1 c. à s. de sauce tamari

Pour 4 personnes
Préparation : 30 min
Cuisson : 2 h 30

Betteraves confites & polenta

Préchauffer le four à 170 °C (th. 5-6).

Brosser les betteraves sous un filet d'eau fraîche, les sécher et les poser avec 4 branches de thym dans une cocotte en fonte tapissée de 2 cm de gros sel. Fermer la cocotte et enfourner pour 2 heures.

Rincer les poireaux et ôter la première feuille, les couper en fuseaux de 10 cm de long et les cuire à la vapeur avec une feuille de laurier pendant 10 min.

Porter 60 cl d'eau à ébullition en y versant le bouillon de légumes en poudre, puis ajouter la boisson de cajou, 1 branche de thym effeuillée et verser la polenta. Cuire en remuant régulièrement à la spatule pour décoller la semoule des parois.

Toaster les noisettes à sec dans une poêle et les concasser grossièrement. Réserver.

Râper l'équivalent de ½ c. à c. de gingembre et l'ajouter aux éléments de la vinaigrette.

Couper les betteraves en 4 et les dresser sur la polenta avec les poireaux, quelques feuilles de roquette, les noisettes et mouiller avec la vinaigrette avant de servir.

1 kg de grosses pommes de terre type allians ou samba

1 botte de coriandre

1 botte d'aneth

2 branches de menthe

4 c. à s. de purée de cajou

4 c. à s. de crème cuisine végétale à la noix de cajou

1 morceau de gingembre frais

50 g de ghee

1 c. à s. d'huile d'olive

1 citron

Fleur de sel

Poivre blanc

Pour 4 personnes

Préparation : 15 min

Cuisson : 35 min

Pommes de terre tapées sauce aux herbes

Rincer les herbes aromatiques à l'eau claire et les sécher soigneusement dans un linge propre avant de les ciseler.

Éplucher les pommes de terre et les déposer dans le tamis du Vitaliseur ou du cuit-vapeur pour 25 min de cuisson (ou un peu moins selon la taille des pommes de terre). Les déposer dans une assiette.

Prendre une pomme terre et la mettre dans un torchon propre en serrant le linge autour de la pomme de terre à la manière d'un pochon. Donner des petits coups de poing sur le tubercule afin de casser les fibres et l'aplatir. Répéter l'opération avec toutes les pommes de terre dans l'assiette.

Faire fondre le ghee avec l'huile d'olive dans une grande poêle et y faire dorer, à feu moyen, les galettes de pomme de terre sur les 2 faces.

Préparer la sauce en délayant la purée de cajou avec la noix de cajou de cuisine (ajouter un peu d'eau tiède si nécessaire).

Ajouter l'équivalent de ½ c. à c. de gingembre frais râpé, puis les herbes ciselées et un trait de citron. Mélanger. Saler et poivrer si besoin.

Répartir les pommes de terre dans un plat et les napper de sauce avant de servir.

Pour 1 pain

Préparation : 5 min

Repos : 1 h

Réfrigération : 1 h

Cuisson : 1 h 10

150 g de petits flocons d'avoine sans gluten

100 g de graines de lin doré

70 g de graines de courge

70 g de graines de tournesol

25 g de graines de chia

3 c. à c. de graines de sésame noir

3 c. à c. de zaatar

2 c. à s. d'algues en paillettes

1 c. à c. de fleur de sel

3 c. à s. de psyllium

50 g d'huile de coco

Huile d'olive

Pain de graines

Verser tous les ingrédients secs dans un saladier et mélanger soigneusement.

Faire fondre l'huile de coco dans une casserole et ajouter 30 à 35 cl d'eau tiède. Verser sur les graines et mélanger de façon à bien amalgamer tous les ingrédients.

Couvrir et laisser reposer 1 heure.

Chemiser un moule à cake avec une feuille de papier sulfurisé en laissant de larges bords sur les côtés. Le graisser avec un peu d'huile d'olive.

Verser la pâte dans le moule et la tasser fortement pour la compacter. Rabattre les bords pour recouvrir entièrement le pain. Mettre à réfrigérer pendant 1 heure.

Préchauffer le four à 180 °C (th. 6).

Enfourner le moule pour 35 min. Sortir du four pour démouler le pain et le placer sur une plaque perforée ou une grille. Ouvrir les bords pour découvrir la pâte et enfourner de nouveau pour 35 min.

Sortir le pain et le laisser refroidir sur une grille en veillant à ce que l'air passe bien en dessous.

170 g de flocons d'avoine sans gluten
100 g de flocons de millet
4 c. à s. de sirop d'agave ou d'érable
4 c. à s. d'huile de coco
150 g de noisettes, amandes, noix de pécan et noix de cajou
125 g de pétales de noix de coco
80 g de raisins secs blonds
1 c. à c. d'épices pour pain d'épices
1 c. à c. de cardamome en poudre
½ c. à c. de cannelle en poudre

Pour 1 grand bocal
Préparation : 15 min
Cuisson : 30 min
Repos : 2 h

Granola coco

Préchauffer le four à 150 °C (th. 5).

Concasser grossièrement au couteau noisettes, amandes et noix. Réserver.

Verser les flocons d'avoine et de millet dans un saladier et ajouter les épices. Mélanger soigneusement.

Mouiller avec l'huile de coco et le sirop d'agave ou d'érable chauffés dans une casserole. Mélanger de nouveau.

Étaler l'ensemble sur une plaque de cuisson couverte de papier sulfurisé et enfourner pour 20 min en remuant régulièrement avec une spatule afin que les céréales colorent légèrement.

Ajouter les noisettes, amandes et noix, et poursuivre la cuisson 10 min.

Sortir du four et laisser refroidir sur la plaque avant d'ajouter les raisins et les pétales de noix de coco.

Transvaser le granola dans un récipient hermétique.

300 g de panais
80 g de haricots blancs au naturel
1 oignon rouge
1 c. à s. de lait d'amande (non sucré) ou crème cuisine végétale à l'amande
1 c. à c. de bouillon de légumes en poudre (Rapunzel®)
1 c. à c. de cardamome en poudre
1 poignée de noisettes grillées
1 c. à c. d'huile de noisette
Quelques brins de ciboulette
1 c. à c. d'huile de pépins de raisin
Fleur de sel

Pour 4 personnes
Préparation : 15 min
Cuisson : 25 min

Soupe crémeuse de panais

Éplucher et émincer l'oignon, puis le faire suer dans une casserole avec l'huile de pépins de raisin. Éplucher et tailler en rondelles les panais.

Ajouter à l'oignon et mouiller avec le bouillon de légumes en poudre délayé dans 60 cl d'eau chaude et cuire à couvert 15 min.

Ajouter les haricots blancs rincés et égouttés. Cuire 5 min.

Mixer les légumes avec le lait ou la crème d'amande de cuisine, la cardamome. Délayer avec du bouillon pour obtenir la consistance désirée.

Hacher grossièrement les noisettes.

Servir avec quelques brins de ciboulette ciselée. Ajouter un peu de fleur de sel si nécessaire, les noisettes concassées et quelques gouttes d'huile de noisette.

2 gros œufs

80 g de sucre de coco

60 g de farine de riz et de millet en quantité égale

1 c. à c. rase de levure sans gluten

80 g de ghee + 15 g pour le moule

80 g de poudre d'amandes

1 citron bergamote

Pour 4 personnes

Préparation : 10 min

Cuisson : 20 à 30 min

Cake à la bergamote

Préchauffer le four à 180 °C (th. 6).

Mélanger le sucre et les œufs, et fouetter vigoureusement jusqu'à ne plus entendre le crissement du sucre sous la spatule.

Dans un autre bol, mélanger la farine avec la levure et ajouter ce mélange aux œufs.

Verser la poudre d'amandes dessus, puis le ghee fondu à la casserole et légèrement tiédi.

Rincer le citron. Râper pour récupérer le zeste, puis le presser afin que le jus et la pulpe tombent dans l'appareil (ôter les pépins si besoin).

Verser dans un moule graissé et enfourner pour 20 à 30 min (vérifier la cuisson avec la pointe d'un couteau).

Pour 4 personnes
Préparation : 30 min
Cuisson : 45 min

500 g de patates douces
2 gros oignons rouges
10 kumquats
1 grenade
1 botte de cresson
2 c. à s. d'huile d'olive

Pour la sauce
1 c. à s. de miel d'acacia
1 c. à s. de vinaigre balsamique
1 c. à c. de vinaigre de riz
Fleur de sel

Patates douces rôties & cresson

Préchauffer le four à 180-210 °C (th. 6-7).

Rincer les patates douces à l'eau claire, les essuyer soigneusement avec du papier absorbant. Les tailler en 2 dans le sens de la longueur, puis de nouveau en 2 de façon à en faire des frites. Les étaler sur une plaque de cuisson recouverte de papier sulfurisé. Arroser d'huile d'olive, saler légèrement et enfourner pour 40 min.

Pendant ce temps, rincer à l'eau les kumquats et les sécher. Les couper en 2 de façon à ôter les pépins.

Éplucher et émincer les oignons. Les ajouter aux patates douces en même temps que les kumquats à mi-cuisson.

Couper la grenade en deux et prélever les graines en prenant soin de les débarrasser de la membrane blanche. En mettre un peu plus de la moitié dans un plat.

Laver et sécher les feuilles de cresson après avoir raccourci leurs tiges et les ajouter aux graines de grenade. Compléter avec les légumes et agrumes une fois cuits en récupérant le jus de cuisson.

Dans une casserole, chauffer les ingrédients de la sauce et laisser réduire à feu très doux. Puis allonger cette sauce en y ajoutant le jus de cuisson des patates douces.

Mouiller les légumes avec cette sauce, mélanger délicatement et servir sans attendre.

1 courge butternut
350 g de lentilles vertes du Puy
1 c. à c. de bouillon de légumes en poudre (Rapunzel®)
1 feuille de laurier
2 branches de romarin
5 branches de thym frais
1 oignon rouge
1 c. à c. de graines de fenouil
1 c. à c. de graines de coriandre
100 g de roquette
1 morceau de pecorino
2 c. à s. d'huile d'olive

Pour la vinaigrette
2 c. à s. d'huile d'olive
1 c. à s. d'huile de courge
1 ½ c. à s. de vinaigre balsamique
1 c. à s. de mélasse de grenade
Sel, poivre

Pour 4 personnes
Trempage : 1 nuit
Préparation : 20 min
Cuisson : 25 min

Salade de lentilles tièdes & courge rôtie

La veille ou le matin, faire tremper les lentilles dans un saladier rempli d'eau douce.

Préchauffer le four à 180 °C (th. 6).

Concasser au pilon les graines.

Éplucher et émincer l'oignon.

Rincer et sécher la roquette. Réserver.

Rincer la courge et la couper en 2. L'épépiner. Trancher en lamelles en gardant la peau et répartir sur une plaque habillée d'une feuille de papier sulfurisé en y ajoutant l'oignon, les graines concassées, 1 branche de romarin effeuillé, la moitié du thym et l'oignon. Arroser d'huile d'olive. Mélanger avec les mains de façon que tout soit bien enrobé et enfourner pour 25 min.

Préparer la vinaigrette en mélangeant les ingrédients. Saler et poivrer pour rectifier l'assaisonnement.

Pendant ce temps, verser les lentilles dans une casserole, les couvrir d'eau et ajouter le bouillon de légumes en poudre, la feuille de laurier, la branche de romarin et le reste du thym. Cuire à feu moyen et à couvert pendant 15 à 20 min (goûter pour la vérifier la consistance désirée). Égoutter en retirant les aromates et verser dans un plat creux. Ajouter les lamelles de courge sorties du four, la roquette, de fines lamelles de pecorino et arroser de vinaigrette.

400 g de chou-fleur

1 morceau de gingembre frais de 1 à 2 cm ou 1 ½ c. à c. de gingembre en poudre

1 c. à c. de bouillon de légumes en poudre (Rapunzel®)

20 cl de crème cuisine végétale à l'amande

1 c. à s. d'huile d'olive

1 c. à c. d'huile de courge

Fleur de sel

Pour 4 personnes

Préparation : 20 min

Cuisson : 25 min

Crème de chou-fleur

Râper la moitié du gingembre au-dessus d'un bol et ajouter 1 c. à s. d'huile d'olive.

Prélever les fleurs du chou et les rincer sous un filet d'eau froide. Réserver 4 fleurettes pour les émincer et les imprégner d'huile parfumée. Laisser reposer 20 min, puis les toaster dans une poêle bien chaude jusqu'à coloration.

Cuire le chou-fleur à couvert dans une casserole remplie avec 60 cl d'eau aromatisée avec le bouillon de légumes en poudre et l'autre moitié du gingembre râpé pendant 15 min environ.

Prélever les bouquets et les mixer au blender en ajoutant la crème d'amande.

Délayer avec du bouillon jusqu'à obtenir la consistance désirée. Relever avec du gingembre en poudre si besoin.

Répartir dans des bols et servir avec les fleurs toastées, ajouter un peu de fleur de sel et quelques gouttes d'huile de courge.

10 gousses de cardamome
20 grains de poivre noir
7 clous de girofle
3 rondelles de gingembre
2 bâtons de cannelle

Pour 1 l
Cuisson : 10 à 15 min
Repos : 5 à 10 min

Eau détox aux épices

Verser 1 l d'eau de source ou d'eau filtrée dans une casserole et y ajouter toutes les épices. Laisser bouillir à couvert.

Éteindre le feu et laisser infuser 5 min. Filtrer aussitôt pour boire chaud. Pour une infusion plus gourmande, ajouter de la boisson végétale.

Pour 4 personnes
Préparation : 20 min
Cuisson : 20 min

1 kg de carottes
150 g de kumquats
250 g de pois chiches
3 oignons rouges
1 c. à c. de ras el-hanout
1 c. à s. d'huile d'olive
2 feuilles de laurier
1 botte de menthe
1 botte de coriandre
2 c. à s. d'olives noires

Pour la vinaigrette

2 c. à s. d'huile d'olive
1 c. à c. de mélasse de grenade
1 c. à c. de sirop d'érable
1 c. à s. de vinaigre de riz
½ c. à c. de gingembre frais râpé
½ c. à c. de cannelle
1 c. à c. de coriandre en poudre
1 c. à c. de cumin
Fleur de sel
Poivre vert

Salade orientale

Préchauffer le four à 180 °C (th. 6).

Éplucher les oignons rouges et les couper en quartiers.

Rincer à l'eau claire et égoutter les pois chiches. Faire de même avec les kumquats et les sécher soigneusement avant de les fendre en deux dans le sens de la longueur pour retirer les pépins.

Déposer oignons, pois chiches et kumquats sur une plaque. Saupoudrer de ras el-hanout et mouiller avec 1 c. à s. d'huile d'olive. Mélanger de façon à bien en imprégner les légumes et les fruits puis enfourner pour 15 min.

Éplucher et tailler en rondelles les carottes. Les placer dans le tamis du Vitaliseur ou du cuit-vapeur avec le laurier. Cuire 5 min.

Transvaser dans un saladier et réserver.

Rincer à l'eau claire et sécher soigneusement dans un linge propre les herbes aromatiques afin de les ciseler et les ajouter aux carottes.

Couper les olives en deux et les ajouter à la salade en même temps que les légumes et les fruits cuits au four.

Préparer la vinaigrette en mélangeant tous les ingrédients de façon à obtenir une sauce homogène. Verser sur la salade, mélanger. Rectifier l'assaisonnement si besoin et servir.

½ courge butternut
1 patate douce
6 petites carottes jaunes et orange
2 c. à s. de raisins secs blonds
200 g de pois chiches au naturel en bocal
1 citron
2 c. à s. d'huile d'olive
3 oignons rouges
½ c. à c. de cannelle en poudre
1 c. à c. de coriandre en poudre
1 anis étoilé
1 petite botte de coriandre
Sel, poivre

Pour la semoule
400 g de semoule de blé complet ou petit épeautre
1 c. à c. de curcuma en poudre
1 c. à c. de bouillon de légumes en poudre (Rapunzel®)
1 c. à s. d'huile d'olive

Pour 4 personnes
Préparation : 25 min
Cuisson : 40 min
Repos : 15 min

Couscous de légumes jaunes aux épices

Préchauffer le four à 210 °C (th. 7).

Laisser tremper les raisins dans un bol d'eau chaude avec l'anis étoilé.

Éplucher et épépiner la courge butternut et la couper en gros cubes. Éplucher et couper les carottes et la patate douce. Trancher le citron en lamelles. Éplucher et émincer les oignons rouges.

Répartir les dés de courge, de patate douce et les carottes sur la plaque de cuisson couverte d'une feuille de papier sulfurisé.

Verser l'huile d'olive dans un bol, y ajouter les épices et mélanger. En badigeonner les légumes avant d'enfourner pour 40 min. Ajouter les oignons et les tranches de citron au bout de 25 min, les pois chiches rincés et égouttés et les raisins égouttés 10 min avant la fin de la cuisson.

Pendant ce temps, délayer le bouillon de légumes en poudre et le curcuma dans 15 cl d'eau bouillante.

Verser la semoule dans un saladier et mouiller avec le bouillon, puis allonger avec de l'eau chaude jusqu'à recouvrir complètement le couscous. Couvrir et laisser gonfler une dizaine de minutes. Arroser d'huile d'olive et séparer les grains à la fourchette.

Ajouter les légumes cuits à la semoule et parsemer de feuilles de coriandre au moment de servir. Poivrer et saler si besoin.

100 g de jeunes épinards frais
100 g de roquette
3 oignons rouges
300 g de riz carnaroli
1 c. à s. de bouillon de légumes en poudre (Rapunzel®)
80 cl d'eau filtrée
25 g de ghee ou de beurre
1 verre de vin blanc
2 c. à s. de mascarpone
3 c. à c. de crème cuisine végétale à la noix de cajou
1 c. à c. de jus de citron
3 c. à s. de parmesan râpé
Fleur de sel
Poivre vert

Pour 4 personnes
Préparation : 15 min
Cuisson : 17 à 20 min

Risotto aux épinards & roquette

Verser l'eau dans une casserole et ajouter le bouillon de légumes. Faire bouillir et couvrir pour garder au chaud.

Équeuter les épinards. Rincer les épinards et la roquette à l'eau froide et sécher soigneusement dans un linge propre.

Les placer dans le panier du Vitaliseur ou du cuit-vapeur et cuire 6 min. Les rafraîchir dans un saladier rempli d'eau glacée pour stopper la cuisson et garder le vert des feuilles.

Égoutter et déposer dans le bol d'un mixeur avec le mascarpone et la crème de cajou de cuisine. Mixer jusqu'à l'obtention d'une crème homogène. Délayer avec un peu de bouillon. Ajouter le jus de citron.

Éplucher et émincer les oignons.

Faire fondre le beurre à feu doux dans la poêle et y jeter les oignons. Les laisser blondir, puis ajouter le riz. Mélanger avec une cuillère en bois jusqu'à ce qu'il devienne nacré. Mouiller alors avec le vin et remuer le temps qu'il absorbe le liquide.

Toujours à feu doux, verser des louches de bouillon très chaud. Remuer jusqu'à évaporation et mouiller de nouveau jusqu'à ce que le riz soit crémeux mais ferme à cœur (compter entre 17 et 20 min selon les marques).

Sur feu éteint, incorporer la crème d'épinards et de roquette et mélanger soigneusement. Saler si besoin et poivrer. Saupoudrer de parmesan et servir aussitôt.

Pour 4 personnes
Préparation : 15 min
Cuisson : 5 min

500 g de choux de Bruxelles
200 g de kéfir de brebis
1 citron vert
1 c. à c. de sumac
2 c. à s. d'huile d'olive
Poivre vert
Sel de mer

Salade de choux de Bruxelles & yaourt fermenté

Rincer les légumes à l'eau claire, les essuyer et les effeuiller jusqu'au cœur. Déposer les feuilles dans une casserole d'eau bouillante salée et les blanchir 5 min.

Égoutter et rafraîchir quelques minutes dans un saladier d'eau glacée. Égoutter de nouveau. Sécher soigneusement et réserver.

Verser le kéfir dans un bol, ajouter l'huile d'olive, le zeste et le jus de citron vert. Saler, poivrer avant de mélanger et de saupoudrer de sumac. Verser sur les feuilles de chou de Bruxelles.

1 botte de cresson (150 g)
70 g d'épinards frais
1 avocat
2 échalotes
1 citron bergamote ou 1 citron
1 c. à s. de purée d'amandes blanches
1 c. à c. de bouillon de légumes en poudre (Rapunzel®)
1 c. à s. de feuilles d'estragon
Quelques feuilles de trévise rouge
1 c. à c. d'huile d'olive
Huile de courge
Fleur de sel

Pour 4 personnes
Préparation : 20 min
Cuisson : 25 min

Velouté vert cru cuit

Éplucher, émincer les échalotes et les faire revenir à la casserole dans un peu d'huile d'olive.

Rincer à l'eau claire le cresson en le débarrassant des trop grosses tiges. Faire de même avec les épinards.

Ajouter les légumes feuilles aux échalotes et faire revenir 2 min. Mouiller avec le bouillon délayé dans 60 cl d'eau bouillante.

Porter à ébullition et laisser cuire 20 min à feu moyen.

Avec une écumoire, récupérer les légumes pour les placer dans le bol d'un mixeur.

Réduire en purée en ajoutant la purée d'amandes, la chair de l'avocat et les feuilles d'estragon rincées à l'eau claire et séchées.

Délayer avec du bouillon jusqu'à l'obtention de la consistance désirée.

Répartir dans les bols. Émincer les feuilles de trévise et les ajouter en même temps qu'un trait de citron, 1 pincée de fleur de sel et quelques gouttes d'huile de courge.

400 g de carottes orange et jaunes

70 g de kumquats

1 c. à c. de bouillon de légumes en poudre (Rapunzel®)

2 c. à c. de ras el-hanout

1 c. à c. de curcuma

20 cl de boisson de soja

Sauce tamari

1 c. à c. d'huile d'olive

Fleur de sel

Pour 4 personnes

Préparation : 15 min

Cuisson : 25 min

Soupe de carottes acidulées

Éplucher et tailler en rondelles les carottes.

Rincer, sécher et couper en 2 les kumquats en prenant le soin d'enlever les pépins.

Verser 1 c. à c. d'huile d'olive dans une casserole et faire revenir à feu doux les carottes avec 1 c. à c. de ras el-hanout et le curcuma pendant 5 min.

Délayer le bouillon de légumes en poudre dans 60 cl d'eau chaude et mouiller les carottes.

Cuire à couvert 20 min.

Prélever les légumes avec une écumoire et mixer avec la boisson de soja et 1 c. à c. de ras el-hanout.

Délayer avec du bouillon jusqu'à obtenir la consistance désirée.

Servir avec quelques gouttes de tamari, ajouter un peu de fleur de sel et 1 pincée de ras el-hanout.

200 g de tagliatelles de konjac (*Liv Happy Food*)
100 g de shiitaké
100 g de petits pois surgelés
40 à 50 g de pousses d'épinard
1 tige d'oignon blanc frais
2 feuilles de combava ou citron kaffir
1 c. à s. de pâte de curry vert
20 cl de crème de coco
1 c. à c. de bouillon de légumes en poudre (Rapunzel®)
1 c. à c. d'huile de coco
1 botte de coriandre
1 citron vert
1 poignée de cacahuètes

Pour 4 personnes
Préparation : 20 min
Cuisson : 25 min

Bouillon thaïlandais

Ôter les pieds des shiitakés, les rincer, les sécher soigneusement et les émincer.

Faire revenir 5 min dans la casserole avec l'huile de coco. Délayer le bouillon de légumes en poudre dans 50 cl d'eau bouillante en ajoutant la pâte de curry vert, les feuilles de combava et porter à ébullition.

Ébouillanter les petits pois pendant 5 min et les égoutter. Rincer à l'eau claire les pousses d'épinard et les sécher pour les ajouter au bouillon avec les petits pois. Compléter avec la crème de coco et la tige d'oignon blanc émincée.

Cuire 10 min à feu doux.

Rincer abondamment les tagliatelles de konjac sous un filet d'eau froide, puis les égoutter. Les ajouter au bouillon et poursuivre la cuisson pendant 5 min.

Servir avec 1 trait de citron vert, des feuilles de coriandre et les cacahuètes grossièrement concassées.

Pour 4 personnes

Préparation : 40 min

Cuisson : 40 min

200 g de lentilles vertes ou noires

4 petits potimarrons

4 feuilles de laurier

4 échalotes

1 oignon rouge

1 c. à s. d'huile d'olive

400 g de champignons de Paris, pleurotes, trompettes-de-la-mort

200 g de chou kale

4 c. à s. de raisins secs blonds

1 c. à c. de bouillon de légumes en poudre (Rapunzel®)

2 c. à c. de cardamome en poudre

25 cl de crème cuisine à l'amande sans sucre

1 gousse d'ail

5 branches de thym

2 feuilles de laurier

1 botte de persil plat

Fleur de sel

Poivre

Potimarrons farcis

La veille ou le matin, faire tremper les lentilles dans un saladier rempli d'eau douce.

Préchauffer le four à 180 °C (th. 6).

Couper la tête des potimarrons pour les débarrasser des graines et filaments. Ajouter dans chacun d'eux une feuille de laurier et une échalote épluchée et ciselée. Arroser avec un filet d'huile d'olive, saler légèrement et enfourner pour 35 à 40 min.

Pendant ce temps, égoutter les lentilles et les verser dans une casserole avec la gousse d'ail épluchée et écrasée avec le plat d'une lame de couteau, l'oignon épluché et coupé en quatre, le thym et le laurier. Recouvrir d'eau et laisser cuire 20 min à feu doux.

Laver sous l'eau courante les feuilles de kale. Ôter la tige centrale et hacher les feuilles au couteau pour les déposer dans le panier du cuit-vapeur. Cuire pendant 10 min.

Ôter le pied des champignons et les rincer sous un filet d'eau froide. Sécher soigneusement et les couper grossièrement pour les faire dorer dans une poêle graissée avec 1 c. à s. d'huile d'olive pendant 5 min à feu vif, puis baisser le feu pour le kale et les raisins secs. Laisser cuire à couvert pendant 10 à 15 min sans coloration.

Égoutter de nouveau les lentilles en enlevant le bouquet garni et les mélanger avec la cardamome, le persil ciselé et 10 cl de crème cuisine à l'amande. Saler si besoin, poivrer. Rajouter éventuellement de la crème cuisine à l'amande pour obtenir la consistance désirée.

Farcir les potimarrons et servir.

200 g de concassé de tomates en boîte

1 patate douce de 170-200 g

1 oignon rouge

2 tomates séchées

1 feuille de laurier

1 douzaine d'olives noires

1 c. à c. de bouillon de légumes en poudre (Rapunzel®)

1 c. à c. de paprika fort ou quelques gouttes de Tabasco

1 c. à c. d'huile d'olive

Pour 4 personnes

Préparation : 15 min

Cuisson : 40 min

Velouté de tomates épicées

Éplucher et émincer l'oignon. Verser l'huile d'olive dans une casserole et y faire revenir les oignons avec le paprika.

Ajouter les tomates concassées, les tomates séchées coupées en lamelles et la feuille de laurier. Cuire 5 min à feu doux.

Délayer le bouillon de légumes en poudre dans 40 cl d'eau chaude et verser dans la casserole contenant les tomates. Cuire 10 min.

Éplucher et tailler en rondelles la patate douce et l'ajouter dans la casserole. Cuire à couvert 15 min en rajoutant du bouillon quand c'est nécessaire.

Pendant ce temps, dénoyauter les olives, les hacher et les toaster à sec 10 min dans une poêle.

Ôter la feuille de laurier pour mixer et servir avec les olives.

300 g de tofu soyeux
100 g de chocolat noir à 80 %
1 c. à s. de purée de sésame noir
2 c. à s. de sirop d'érable
Poivre blanc

Pour 4 personnes
Préparation : 15 min
Cuisson : 5 min
Réfrigération : 30 min

Crème au chocolat, sésame & poivre

Couper le chocolat en morceaux et les faire fondre dans une casserole à feu doux.

Pendant ce temps, verser dans le bol d'un mixeur le tofu soyeux, la purée de sésame et le sirop d'érable. Donner 2 tours de moulin à poivre.

Mixer soigneusement de façon à obtenir un mélange homogène, puis ajouter le chocolat fondu et laisser l'appareil tourner jusqu'à ce que le mélange soit lisse et satiné.

Une fois épaissie, verser cette crème dans un plat creux ou des ramequins.

Placer au réfrigérateur durant 30 min.

Accompagner et s'étirer

printemps

Qu'il est doux ce temps du renouveau ! La nature sort de sa léthargie hivernale et partout pointent les couleurs tendres du printemps. Les oiseaux rompent le silence, les insectes s'affairent. Lentement, les jours s'étirent et les corps engourdis par des semaines de repli intérieur vibrent d'une énergie naissante. C'est le moment de bouger, de s'étirer, de s'oxygéner..., d'écouter la symphonie des envies, des besoins, des aspirations qui jaillissent comme les jeunes pousses fendent la terre dans laquelle elles ont mûri. Sans précipitation. Sans céder à l'urgence qui draine avec elle ces sentiments d'impatience, de frustration jusqu'à l'emportement qui nous laisse épuisé·es. Si le printemps est le moment privilégié des cures dont l'objectif est de drainer les toxines accumulées durant la saison froide, encore faut-il veiller à prendre soin d'un métabolisme qui demande plus d'être soutenu que décapé. Détox légères et boostées à la chlorophylle, mouvements lents mais appuyés, les pratiques sont là pour nous aider à déployer cette nouvelle vitalité et relancer la circulation à travers l'organe clé de cette saison : le foie.

Les produits de printemps

LÉGUMES			
AIL	CÉLERI-BRANCHE	FENOUIL	PETIT POIS
ARTICHAUT	CÉLERI-RAVE	HARICOT VERT	POIREAU NOUVEAU
ASPERGE BLANCHE	CHOU	HERBES AROMATIQUES	POIVRON
ASPERGE VERTE	CONCOMBRE	LAITUE	POMME DE TERRE
AUBERGINE	COURGETTE	MÂCHE	POURPIER
BETTERAVE	CRESSON	NAVET PRIMEUR	RADIS
BLETTE	ÉCHALOTE	OIGNON BLANC	TOMATE
BROCOLI	ENDIVE	PANAIS	
CAROTTE NOUVELLE	ÉPINARD	PATATE DOUCE	

FRUITS			
ABRICOT	CITRON	NECTARINE	POIRE
ANANAS	FRAISE	ORANGE	POMME
AVOCAT	KIWI	PAMPLEMOUSSE	PRUNE
BANANE	MELON	PÊCHE	RHUBARBE

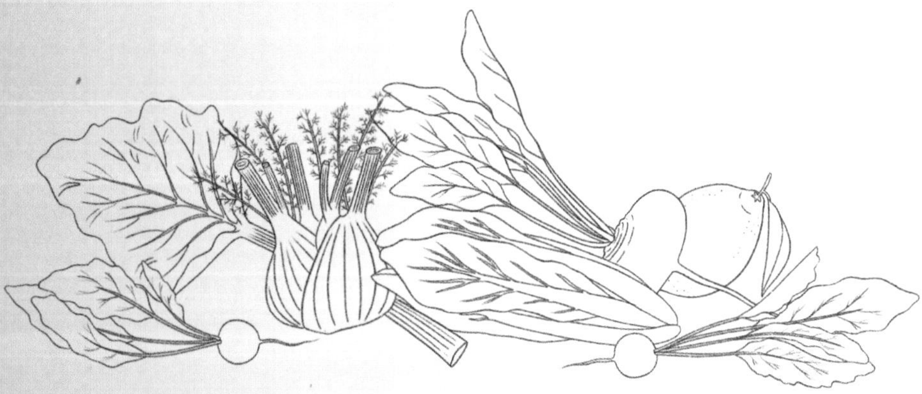

La cure de printemps

Se mettre à la sève de bouleau, c'est, avec la diète verte, un excellent moyen pour retrouver de l'éclat et de la vitalité aux premiers jours du printemps.

É-LI-MI-NER !

C'est la plus naturelle et la plus simple des cures puisqu'elle consiste à boire tous les matins, à jeun et pendant trois semaines, un verre de sève de bouleau, dont la principale vertu est de nettoyer et détoxifier notre organisme.

En plus d'être drainante, cette eau (presque incolore et à peine sucrée) contient des minéraux alcalinisants qui nous aident à préserver notre capital osseux et à soutenir notre activité cérébrale. Parmi eux, on compte le calcium, le magnésium, le potassium et le silicium qui est un allié de choix pour éliminer l'aluminium trop présent dans notre quotidien (aliments, emballages...). Autre atout : la sève de bouleau contient 17 acides aminés.

UNE EAU FRAÎCHE

Quand le printemps arrive, le bouleau puise dans le sol l'eau dont il a besoin pour se réveiller et nourrir ses bourgeons. Chargée de minéraux, d'oligo-éléments et de vitamines lors de son passage des racines à la cime de l'arbre, la sève peut alors être récoltée en une seule fois artisanalement, et sans abîmer l'arbre (on entaille l'écorce sur 2 à 5 cm de profondeur). Pour apporter un maximum de bienfaits, l'eau de bouleau doit être pure, fraîche, et n'avoir subi aucune transformation comme, par exemple, la pasteurisation.

Présentée en bouteille de verre ou en bib (de 3 à 5 litres) au rayon frais des magasins bio, elle se conserve au réfrigérateur et se consomme dans la semaine qui suit son achat. Au-delà, elle a tendance à fermenter en s'acidifiant.

UN VERRE OU 25 CL PAR JOUR...

Un verre au réveil suffit lorsque l'alimentation est plutôt saine et équilibrée tout au long de l'année et que l'activité sportive est présente régulièrement.

En revanche, lorsqu'on se sent un peu « lourd·e » au sortir de l'hiver ou/et avec le teint « brouillé », il est possible de tripler la dose en ajoutant à la boisson matinale un verre 20 minutes avant le déjeuner et un autre aux alentours de 17 heures. Mais toujours à température ambiante : l'organisme n'est pas encore prêt à encaisser du froid. Les premiers jours, on sent que le nettoyage est réel, surtout quand l'organisme patine : digestion difficile, ballonnements, fatigue...

UN « RESET » SUR 21 JOURS

C'est le temps nécessaire au corps pour qu'il se régénère et enregistre un nouveau cycle d'informations. Pour potentialiser les effets de cette cure, mieux vaut éviter tout ce qui est laitages, viande, sucre et produits transformés, et consommer principalement des légumes et fruits frais, en commençant toujours par manger le cru avant le cuit. Les excitants comme le thé, le café et l'alcool seront remplacés par des tisanes ou des jus de légumes.

ET LE JUS DE BOULEAU ?

Il a peu ou prou les mêmes vertus que la sève, mais comme il est obtenu par dissolution de jeunes feuilles dans de l'eau bouillante afin d'en extraire les principes actifs, il se présente sous forme de concentré à diluer.

Petite mise au vert

Cette « diète » n'a rien à voir avec un régime et encore moins avec un jeûne. Il s'agit plutôt de consommer tout ce que la nature nous offre à cette période de l'année – légumes, fruits, légumineuses, oléagineux... – naturellement verts.

La cure de bouleau a préparé le terrain en nettoyant et reminéralisant l'organisme, le vert va continuer le travail en l'alcalinisant.

Riche en chlorophylle et en fibres, cette diète nettoie le foie tout en neutralisant les toxines, oxygène le sang, rétablit l'équilibre acido-basique et, par ricochets, renforce le système immunitaire. Suivie sur 5 à 11 jours, avec des bénéfices physiques ressentis dès le troisième jour, elle permet d'un point de vue plus subtil d'aller à la rencontre de soi et de prendre conscience des rapports que nous nourrissons avec l'alimentation. Il est particulièrement intéressant d'observer ce qui se passe en nous physiquement, mentalement, mais aussi émotionnellement lors de cette cure. Réaliser que la nourriture est capable de modifier la perception que nous avons de notre environnement, tant elle sert de lien entre le corps physique et l'esprit.

BOUGER EST TOUJOURS UNE BONNE IDÉE

Continuer, ou mettre en place, une activité physique (au moins trois fois par semaine), c'est solliciter notre système respiratoire et augmenter l'apport en oxygène. Ainsi faisant, nous aidons notre organisme, et notamment les émonctoires chargés de l'élimination à se débarrasser des toxines. Privilégier pendant tout ce temps des eaux alcalines (pH entre 6,5 et 8) ou faiblement minéralisées soutient ce travail de nettoyage. Davantage encore, si les tisanes (la verveine, le tilleul et la menthe fraîche sont au printemps une façon très agréable de terminer les repas) remplacent le thé noir et le café.

À savoir. La grande quantité de fibres absorbées pendant cette « cure » peut incommoder certaines personnes peu habituées à manger autant de végétaux. Pour limiter ce qui peut apparaître sous forme de ballonnements ou de gaz, il est utile de :

— mâcher consciencieusement chaque bouchée de façon à faire une purée assez liquide rapidement assimilable par l'estomac,

— consommer le cru avant le cuit, de préférence à la vapeur douce pour conserver à la fois leurs nutriments et leur croquant.

DANS L'ASSIETTE...

Quitte à se faire du bien avec des produits de saison, élargissons notre conscience à la planète. Choisir des légumes et fruits issus de l'agriculture biologique ou raisonnée, récoltés dans un périmètre restreint, est à la fois un engagement pour la préservation de l'environnement et un soutien des hommes et des femmes qui travaillent à nous nourrir.

Légumes
Pousses d'épinard, brocoli, artichaut, courgette, petit pois, fève, asperge, salade, chou kale, poivron vert, chou pak choï, vert de blette, fenouil, céleri-branche, concombre, haricot vert...

Fruits
Avocat, citron vert, pomme granny-smith, kiwi, olive verte, melon vert...

Herbes aromatiques
Presque toutes... Persil, menthe, basilic, aneth, coriandre, livèche, ciboulette, estragon...

Légumineuses, fruits à coques et autres
Haricot mungo, pois cassé, lentille verte, graine de courge et de tournesol, pistache, algue nori, spiruline, cornichon, câpre, curry vert...

L'équilibre acido-basique

La peau qui tiraille, un rhume qui traîne et un sommeil un brin chahuté... Cette petite baisse de régime ressemble fort à une acidose chronique, plus sérieusement appelée « acidose métabolique latente ».

Notre organisme est programmé pour vivre dans une parfaite balance acido-basique. Et c'est le pH (pour potentiel hydrogène) qui en donne la juste mesure. Dans un corps en bonne santé, le pH sanguin doit impérativement osciller entre 7,35 et 7,45 (celui des urines peut fluctuer entre 4,8 et 7,5 et celui de l'intestin entre 5,7 et 7,4).

Notre métabolisme et nos organes en travaillant génèrent des déchets acides. Les muscles en se contractant produisent de l'acide lactique, les poumons avec la respiration engendrent de l'acide carbonique, le cerveau de l'acide phosphorique, etc. La production d'acides est donc un phénomène du « vivant » et, en règle générale, notre « chimie » interne veille à sa régulation. Chaque jour, les reins (via les urines), les poumons (grâce au souffle) et la peau (par la transpiration) éliminent le surplus d'acides.

LA MACHINE DÉRAILLE ET L'ACIDITÉ RESTE PIÉGÉE DANS NOS TISSUS LORSQUE...

— Les habitudes alimentaires privilégient produits transformés et protéines animales.

— Le mode de vie est stressant (cogitation, surmenage, manque de sommeil...), sédentaire et/ou marqué par des excès (tabac, médicaments, mais aussi sport ou connexion aux réseaux).

— La respiration est rapide et superficielle ; l'air ambiant est pollué.

Le premier levier pour revenir à l'équilibre est à portée d'assiette.

La liste – l'indice PRAL (*Potential Renal Acid Load*) du docteur Thomas Remer – qui répertorie les aliments produisant un résidu acide lors de leur dégradation dans l'organisme (viandes, poissons, œufs, fromages, sucres, céréales, plats préparés, etc.) peut être une piste. À suivre avec modération, car si cette liste incite à consommer plus de végétaux, elle présente quelques incohérences et diabolise les protéines d'origine animale.

Augmenter la portion d'aliments alcalins (légumes, fruits sans traitement et préparés à la vapeur douce, herbes, épices, légumineuses trempées avant cuisson, *voir p. 26*), réduire les protéines animales choisies de grande qualité, varier la composition des repas au fil des jours et s'hydrater correctement (*voir p. 144*) sont des alternatives plus efficaces.

RESPIREZ... LA SANTÉ

Le stress est un autre facteur d'acidification de l'organisme et la respiration une autre voie d'entrée pour réguler le pH du sang. Consciente, contrôlée, plutôt qu'en « pilotage automatique », elle a une action directe sur notre santé physiologique (harmonisation du rythme cardiaque, du transit...), psychologique (meilleure concentration, mémorisation...) et émotionnelle (diminution de l'anxiété...).

Respirer par le nez plutôt que par la bouche et privilégier une respiration abdominale plutôt que thoracique avec une longue expiration sont deux clés majeures. La cohérence cardiaque est une autre technique simple et sans contre-indication (une inspiration sur 5 secondes suivie d'une expiration sur 5 secondes, 6 fois de suite) à adopter plusieurs fois par jour tous les jours de l'année.

Le moment pour...

Rien n'est plus réjouissant que ce réveil de la nature et cette envie du corps de bouger à nouveau, de faire peau neuve... mais en douceur.

CHOISIR LA BONNE CUISSON

Encore un peu tôt pour manger cru... surtout en cas de frilosité et de fatigue. Et puis, notre métabolisme réclame que nous consommions les ¾ de notre assiette en mode cuit (c'est plus digeste) et le ¼ restant dans sa version crue (pour les vitamines hydrosolubles).

Pour autant, un aliment chauffé, trop fort, trop longtemps, est un aliment qui perd ses qualités nutritionnelles.

La vapeur douce (en dessous de 95 °C) plutôt que la vapeur sous pression (au-dessus de 120 °C) permet une cuisson *al dente* préservant davantage les oligo-éléments, les minéraux et les vitamines. Le wok qui saisit rapidement les aliments à l'extérieur, en gardant le cru dedans, est une autre méthode de cuisson intéressante à condition de remplacer l'huile (et la formation de composés toxiques avec la forte chaleur) par un peu de bouillon.

RÉCHAUFFER LE CORPS

Si la température de notre corps est en moyenne de 37 °C, le foie a besoin pour être au top de son fonctionnement de quelques degrés de plus (de 1 à 4 °C). Une bouillotte placée sur l'organe (à droite sous le poumon) pendant 20 à 30 min après les repas est le plus sûr moyen de faire grimper le thermomètre. La chaleur active alors la circulation sanguine dans cette zone en dilatant les vaisseaux, capillaires hépatiques y compris, et drainant plus rapidement les toxines évacuées par voie biliaire. En déposant deux gouttes d'huile essentielle de citron (tester la non-sensibilité à l'HE et ne pas s'exposer au soleil ensuite) sur la peau, le processus est accéléré.

VOUS PRENDREZ BIEN UNE TISANE ?

Pour soutenir le foie, détoxifier l'organisme, soulager les troubles digestifs, il y a les infusions (l'eau frémissante est versée sur les feuilles et fleurs qui infusent 3 à 10 min) et les décoctions (les graines, racines, baies, fruits... sont amenés à ébullition puis reposent 10 min) dans lesquelles on trouve la plus grande concentration de principes actifs.

Le romarin stimule les fonctions hépatiques et d'élimination urinaire et digestive. La mélisse apaise les maux de ventre (crampes d'estomac, ballonnements...) d'origine nerveuse, la mauve est adoucissante, anti-inflammatoire et légèrement laxative, et le pissenlit agit comme stimulant enzymatique du foie. La réglisse aide à réguler l'acidité de l'estomac (à éviter en cas d'hypertension artérielle) et le fenouil soulage les distensions abdominales.

2 à 3 tasses par jour pendant 1 à 3 mois...

Yoga

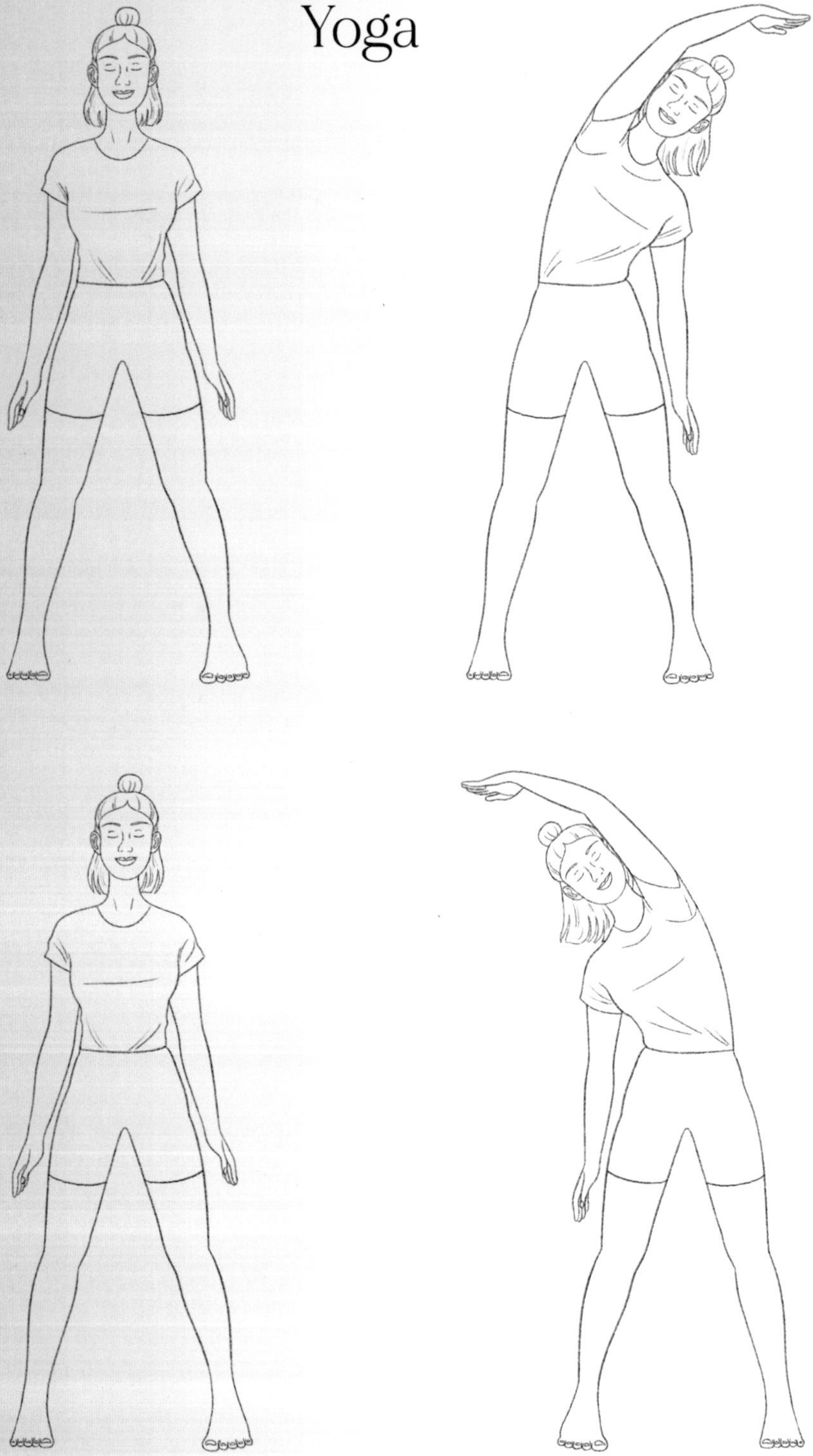

RELANCER LA CIRCULATION

Comme la nature paraît se déplier aux premiers jours du printemps, le corps a besoin de s'étirer pour sortir de l'engourdissement hivernal. En médecine traditionnelle chinoise, on dit que les muscles sont nourris par l'énergie du foie. Les postures qui mobilisent le buste, qu'elles l'étirent, le compriment ou le tordent, travaillent les organes de digestion et concourent à l'élimination des toxines.

Étirement

Debout, les pieds parallèles écartés deux fois la largeur des épaules, les bras le long du corps. À l'inspir, lever le bras droit au-dessus de la tête et à partir de la taille ; à l'expir, fléchir le buste vers la gauche en étirant le bras dans le prolongement du flanc droit. Respirer ainsi 10 temps, puis revenir dos droit et changer de côté.

Torsion

Assis·e, tendre la jambe gauche devant soi, plier la jambe droite pour la passer au-dessus de la jambe tendue et amener le pied droit à côté de la fesse gauche. Avec le bras gauche, entourer le genou droit et sur l'expir tourner le buste vers la droite à partir de la taille. Respirer ainsi 10 temps. Dénouer les jambes et changer de côté.

AUGMENTER AGNI...

Les yogis et adeptes de la médecine ayurvédique prennent soin du feu digestif, car de son équilibre dépend la bonne santé de notre système digestif et immunitaire. Faible, il est la source de ballonnements, prise de poids, constipation... Et à l'inverse, trop puissant il accompagne inflammations, remontées acides, diarrhée...

Ces deux techniques se pratiquent le matin à jeun.

Technique 1

Dans la tradition yogique, *agnisar* est une technique de « nettoyage » qui se pratique debout, assis·e ou couché·e.

Assis·e à genoux, les fessiers posés sur les talons, les mains appuyées sur les genoux, bras tendus. Inspirer profondément par le nez, expirer complètement par le nez, le menton vers le sternum. Poumons vides, tirer le nombril vers la colonne vertébrale et compter 10 temps avant d'inspirer à nouveau en relâchant les épaules et relevant la tête doucement. Respirer normalement 5 temps et recommencer. Répétez le cycle 2 à 5 fois.

Technique 2

Assis·e en tailleur sur un support pour garder le dos droit ou sur les genoux, inspirer profondément par le nez, expirer complètement par le nez. Retenir la respiration, poumons vides et pomper rapidement le ventre en tirant le nombril contre la colonne vertébrale. Inspirer lorsque le besoin de reprendre de l'air se fait sentir.

1 botte de carottes avec fanes

2 petites pommes de terre à chair tendre

1 c. à s. de purée de cajou

2 grosses poignées de roquette
+ quelques feuilles pour la déco

½ c. à c. de sumac

1 c. à c. de bouillon de légumes
en poudre (Rapunzel®)

1 c. à c. d'huile d'olive

Pour 4 bols

Préparation : 25 min

Cuisson : 35 min

Soupe de fanes de carotte, roquette & sumac

Éplucher les pommes de terre et les couper en rondelles. Les plonger dans 80 cl d'eau froide salée et cuire 10 à 15 min à partir de l'ébullition. Égoutter et réserver.

Rincer à l'eau claire et sécher les fanes de carotte. Les couper grossièrement et les faire revenir dans l'huile d'olive 5 min à feu doux. Puis mouiller avec 80 cl d'eau bouillante aromatisée avec le bouillon de légumes en poudre. Cuire pendant 20 min.

Prélever les fanes et les mettre dans le bol d'un mixeur avec les pommes de terre et la roquette. Mixer en ajoutant du bouillon de légumes en poudre jusqu'à l'obtention de la consistance désirée. Ajouter la purée de cajou et mixer de nouveau.

Servir dans des bols avec quelques feuilles de roquette, 1 pincée de sumac et un trait d'huile d'olive.

1 concombre

1 pomme granny-smith

2 branches de coriandre

30 cl d'eau pétillante peu salée
(type Salvetat ou Sanpellegrino)

Pour 2 verres

Préparation : 5 min

Jus vitalité

Rincer et passer à l'extracteur ou à la centrifugeuse le concombre et la pomme coupés en gros morceaux. Ajouter quelques feuilles de coriandre. Diluer avec un peu d'eau pétillante et ajouter éventuellement un peu de spiruline ou de klamath.

Pour 4 personnes
Préparation : 15 min
Cuisson : 25 min

4 bulbes de fenouil
1 à 2 c. à s. d'huile d'olive
1 grappe de raisin blanc
2 branches d'estragon
2 branches d'aneth
Quelques pousses de pois
1 citron vert
Poivre vert
Fleur de sel

Salade de fenouils confits aux raisins blancs

Ôter la première feuille des fenouils et les couper en 2. Les déposer dans le panier du Vitaliseur (ou dans un panier vapeur) et cuire 15 min (vérifier que la pointe d'un couteau entre dans le cœur).

Retirer et couper chaque demi-bulbe en 2 pour faire des quartiers. Dorer dans une poêle avec 1 c. à s. d'huile d'olive. Couvrir et cuire à feu doux 5 min, puis ôter le couvercle et colorer toutes les faces en les retournant régulièrement 5 min encore.

Rincer à l'eau claire et sécher avec un linge propre les raisins blancs. Les diviser en deux et retirer si besoin les pépins.

Dresser les fenouils en assiette avec les grains de raisin. Râper le zeste du citron vert au-dessus des bulbes, parsemer de feuilles d'estragon, de pluches d'aneth et de pousses de pois. Ajouter un peu d'huile d'olive si nécessaire. Saler et poivrer avant de servir.

500 g de petits pois frais écossés, soit 1,3 kg de petits pois non écossés (ou surgelés)

½ concombre

2 oignons blancs

1 yaourt de chèvre ou de brebis brassé

4 branches de persil plat

1 c. à c. de bouillon de légumes en poudre (Rapunzel®)

80 cl d'eau

1 c. à s. d'huile d'olive

Fleur de sel

Pour 4 personnes

Préparation : 15 à 45 min

Cuisson : 8 min

Velouté de petits pois & concombre

Écosser si besoin les petits pois.

Verser l'huile d'olive dans une casserole et y faire revenir, avec 1 pincée de sel et sans les colorer, les oignons épluchés et émincés. Ajouter les petits pois. Mouiller avec le bouillon dilué dans l'eau tiède et porter à ébullition, puis cuire 8 min.

Peler le concombre et enlever les graines. Le tailler en rondelles et déposer dans le bol d'un mixeur avec les feuilles de persil rincées à l'eau claire et soigneusement séchées et les petits pois égouttés.

Mixer soigneusement en ajoutant du bouillon de cuisson au fur et à mesure jusqu'à l'obtention de la consistance désirée, puis filtrer éventuellement au chinois pour enlever les fibres. Délayer avec 3 c. à s. de yaourt de brebis ou de chèvre.

1 botte d'asperges sauvages ou aspergettes
2 pommes granny-smith
6 à 8 feuilles de chou kale
400 g de petits pois frais non écossés, soit 150 g de petits pois frais écossés
3 petites courgettes
1 poignée de pousses de pois
Huile d'olive

Pour la vinaigrette
Quelques branches de menthe
Quelques branches de coriandre
Quelques branches d'aneth
1 citron vert
Huile d'olive
Fleur de sel
Poivre vert

Pour 4 personnes
Préparation : 40 min
Cuisson : 15 min
Repos : 20 min

Salade crue cuite

Rincer à l'eau claire et sécher soigneusement dans un linge propre le chou kale, les courgettes, les asperges, la pomme et les herbes fraîches.

Ôter la côte centrale des feuilles de kale et émincer les feuilles. Les placer dans un saladier, les arroser de 2 c. à s. d'huile d'olive et les fatiguer en les froissant entre les mains. Laisser reposer.

Écosser les petits pois, les ébouillanter 5 min et les plonger dans un bol d'eau glacée pour stopper la cuisson.

Couper les courgettes en tronçons et couper la base des asperges. Les placer ensemble dans le panier du Vitaliseur ou du cuit-vapeur pour 3 à 4 min de cuisson.

Poêler les courgettes dans un peu d'huile d'olive jusqu'à ce qu'elles colorent.

Disposer dans les assiettes le kale, les petits pois égouttés, les courgettes, les asperges avec la pomme coupée en fins quartiers et les pousses de pois.

Arroser d'une vinaigrette composée des herbes ciselées, du jus du citron vert et de 3 à 4 c. à s. d'huile d'olive.

Saler et poivrer avant de servir.

300 g de quinoa blanc
600 g de tomates cerises
4 échalotes roses
1 grenade
1 botte de persil
½ botte de menthe
20 brins de ciboulette
½ c. à c. de bouillon de légumes en poudre (Rapunzel®)
1 feuille de laurier
2 branches de thym
Huile d'olive
1 citron
Vinaigre balsamique blanc
Fleur de sel
Poivre

Pour 4 personnes
Préparation : 25 min
Cuisson : 20 min

Salade de quinoa

Rincer le quinoa à l'eau claire et le cuire 20 min dans une casserole d'eau aromatisée avec le bouillon de légumes en poudre, le laurier et les branches de thym. Égoutter et refroidir dans un saladier après avoir débarrassé le laurier et le thym.

Rincer à l'eau claire et sécher soigneusement dans un linge propre les tomates cerises. Les mettre à confire à la poêle avec 1 c. à s. d'huile d'olive et les échalotes épluchées et émincées.

Prélever les graines de la grenade. Réserver.

Rincer les herbes à l'eau claire et les sécher soigneusement dans un linge propre pour les ciseler. Les ajouter au quinoa avec la grenade et mélanger. Ajouter enfin les tomates cerises confites et arroser d'une vinaigrette composée du jus de citron pressé, de 3 c. à s. d'huile d'olive et de 1 c. à s. de balsamique blanc. Saler et poivrer.

Pour 4 personnes

Préparation : 30 min

Cuisson : 16 min

400 g d'asperges vertes fines

200 g d'asperges sauvages ou asperges des bois

Pour la sauce mimosa

2 œufs bio

8 câprons

1 c. à s. d'algues en paillettes

1 botte de cerfeuil

1 botte de ciboulette

Huile d'olive

Vinaigre balsamique blanc

Fleur de sel

Poivre

Asperges mimosa

Plonger délicatement les œufs dans de l'eau bouillante et cuire à petits bouillons pendant 9 min. Les placer immédiatement dans un bol d'eau froide pour stopper la cuisson et les écaler. Les couper en 2, puis les hacher grossièrement au couteau. Réserver.

Rincer les asperges vertes à l'eau claire et les sécher avec un linge propre. Couper les pieds et les éplucher sur la moitié de leur longueur. Les déposer dans le panier vapeur du Vitaliseur ou d'un cuit-vapeur et cuire 4 min. Les sortir et les placer dans un plat.

Rincer les asperges sauvages à l'eau claire et les sécher avec un linge propre. Couper l'extrémité des tiges et les plonger dans une casserole d'eau frémissante salée durant 3 min. Dès la fin de cuisson, les immerger dans un bol d'eau glacée, puis les égoutter pour les poser sur une feuille de papier absorbant. Les ajouter aux asperges vertes.

Rincer et sécher les herbes pour les ciseler et les incorporer aux œufs hachés avec les algues en paillettes. Émincer les câprons et les ajouter au mimosa. Mouiller avec 3 à 4 c. à s. d'huile d'olive et 2 c. à s. de vinaigre. Saler et poivrer si besoin avant d'en napper les asperges.

600 g de haricots verts
2 feuilles de laurier
2 branches de romarin
50 g de pistaches décortiquées
1 botte de persil plat
1 botte de coriandre
1 botte d'aneth
4 tiges d'oignon vert
2 citrons verts
Huile d'olive
Poivre vert
Fleur de sel

Pour 4 personnes
Préparation : 30 min
Cuisson : 7 min

Haricots verts sauce aux herbes

Rincer les haricots verts à l'eau claire et les sécher dans un linge propre. Les équeuter et les déposer dans le panier du Vitaliseur ou du cuit-vapeur avec le laurier et les branches de romarin pendant 4 à 5 min.

En fin de cuisson, plonger immédiatement les haricots dans un saladier d'eau glacée. Les égoutter et les sécher avant de les mettre dans un plat et de les arroser avec 3 c. à s. d'huile d'olive et le jus de 1 citron vert.

Mixer grossièrement les pistaches décortiquées et les toaster à sec dans une poêle (attention à ne pas les faire colorer).

Rincer à l'eau claire et sécher dans un linge toutes les herbes. Prélever les feuilles et les placer dans le bol d'un mixeur avec 3 à 4 c. à c. d'huile d'olive. Saler et poivrer puis mixer de nouveau. Ajouter à cette sauce les tiges d'oignon finement ciselées et les pistaches. Mélanger soigneusement et repartir sur les haricots. Râper le zeste du dernier citron vert et récupérer son jus pour en arroser la salade et servir.

8 tomates vertes type green zebra

100 g de graines de sarrasin torréfiées ou kasha

80 g de lentilles vertes

2 tiges d'oignon frais

1 aillet ou 1 gousse d'ail

1 bouquet garni

2 c. à c. de bouillon de légumes en poudre (Rapunzel®)

3 c. à c. d'huile d'olive

1 c. à c. de cardamome en poudre

1 c. à s. de vinaigre de cidre

2 c. à c. de câpres

6 branches de persil

10 branches de cerfeuil

Sel

Poivre blanc + graines de coriandre + graines de fenouil dans le poivrier

Pour 4 personnes

Préparation : 25 min

Cuisson : 38 min

Repos : 12 h

Tomates farcies végétales

La veille ou le matin, faire tremper les lentilles dans de l'eau froide.

Découper le chapeau des tomates. Les évider pour récupérer la chair et la faire revenir 5 à 10 min dans une casserole avec 1 c. à c. d'huile d'olive et la cardamome. Passer au chinois et réserver.

Faire cuire les graines de sarrasin dans une casserole d'eau aromatisée de 1 c. à c. de bouillon de légumes en poudre en suivant la recette du paquet et pendant 8 min. Éplucher et émincer les oignons tiges pour les faire revenir dans 1 c. à c. d'huile d'olive. Ajouter les graines de sarrasin, mélanger et verser dans un saladier pour refroidir.

Écraser la gousse d'ail avec la lame d'un couteau et la faire revenir légèrement dans l'huile d'olive avec le laurier, le thym et la moitié du persil et y jeter les lentilles. Couvrir d'eau chaude aromatisée avec 1 c. à c. de bouillon de légumes en poudre. Cuire environ 15 à 20 min.

Égoutter et ajouter les graines de sarrasin avec les câpres grossièrement hachées, le coulis de tomates, le persil et le cerfeuil finement ciselés. Mélanger, poivrer et rectifier l'assaisonnement en ajoutant un peu d'huile d'olive et de vinaigre de cidre.

Farcir les tomates de ce mélange. Entreposer au réfrigérateur 15 à 30 min.

800 g à 1 kg d'amandes fraîches
(pour obtenir 200 g d'amandes décortiquées)

80 cl à 1 l d'eau de source ou d'eau filtrée

Pour 1 l

Préparation : 25 min

Lait d'amandes fraîches

Écaler les amandes avec un couteau ou en les plongeant 2 à 3 min dans de l'eau bouillante, puis les jeter dans un saladier d'eau glacée pour stopper la cuisson.

Ôter la peau fine qui enveloppe la graine, puis placer les amandes dans le blender avec l'eau de source ou l'eau filtrée. Mixer jusqu'à l'obtention d'un liquide homogène, puis filtrer dans une étamine pour recueillir le « lait ». À conserver au réfrigérateur pendant 48 à 72 heures.

En option : ajouter du sirop d'érable pour sucrer et 1 c. à s. d'eau de fleur d'oranger avant de mixer.

180 g de pois cassés
1 courgette
1 botte de ciboulette
1 botte de menthe
1 c. à c. de graines de fenouil
½ c. à c de poivre vert
2 c. à c. de cardamome en poudre
1 c. à c. de bicarbonate de sodium
1 citron vert
2 c. à s. de purée de graines de courge
1 c. à s. d'huile d'olive
1 c. à s. de farine de pois cassés ou de lentilles

Pour l'accompagnement
3 fenouils
4 poireaux
8 asperges vertes
8 tiges d'oignon frais
1 courgette
1 petite tête de brocoli
1 c. à s. d'huile d'olive
1 c. à c. de graines de fenouil
1 botte de sauge
3 branches de romarin
2 branches d'aneth
Fleur de sel

Pour 4 personnes
Préparation : 40 min
Cuisson : 40 à 50 min
Repos : 24 h

Falafels de pois cassés & légumes grillés

La veille, tremper les pois cassés dans un saladier d'eau de source ou d'eau filtrée pendant 24 heures. Le jour même, les égoutter et réduire en purée au mixeur.

Préchauffer le four à 180 °C (th. 6).

Rincer la courgette à l'eau claire et la sécher avec un linge propre. La râper et essorer la chair entre les mains. Ajouter les graines de fenouil, le poivre vert, la cardamome, le bicarbonate de sodium, le jus du citron vert, la purée de graines de courge et l'huile d'olive puis mixer légèrement. Débarrasser dans un saladier. Saler. Ajouter la farine de pois cassés ou de lentilles et mélanger en ajoutant l'équivalent de 1 c. à s. de ciboulette et 2 c. à s. de menthe ciselées et le zeste du citron vert. Mélanger pour bien amalgamer tous les éléments.

Façonner des boulettes en versant de l'huile dans la paume de la main et les placer au fur et à mesure sur une plaque couverte de papier sulfurisé. Enfourner pour 20 min en retournant les boulettes à mi-cuisson.

Pendant ce temps, rincer à l'eau claire et couper les fenouils en quatre, les poireaux et la courgette en bâtonnets, le brocoli en fleurettes, les asperges et les oignons tiges en deux pour les mettre dans un plat allant au four. Arroser d'huile d'olive, saupoudrer de graines de fenouil concassées, parsemer de feuilles de sauge et de romarin. Saler et remuer pour imprégner les légumes. Enfourner pour 20 à 30 min en remuant régulièrement. Parsemer de pluches d'aneth au moment de servir avec de la roquette ou de la salade.

2 poivrons verts
3 courgettes
4 tiges d'oignon blanc frais
6 feuilles d'ail des ours
4 branches d'origan
6 tomates vertes
200 g d'olives vertes
1 botte de persil
4 c. à s. de câprons
1 ½ c. à s. de vinaigre balsamique blanc

Pour 4 personnes
Préparation : 40 min
Cuisson : 35 à 40 min

Caponata verde

Rincer les poivrons à l'eau claire et les couper en 2 pour les épépiner (et même les éplucher en cas d'intestins fragiles) et les déposer dans le panier du Vitaliseur ou du cuit-vapeur pour 10 min de cuisson. Tailler les poivrons en cubes. Réserver.

Rincer à l'eau claire et sécher avec un linge propre les courgettes pour les couper en cubes.

Verser 1 c. à s. d'huile d'olive dans une poêle et y faire cuire à feu doux pendant 10 min les poivrons, les courgettes avec les tiges d'oignon vert et les feuilles d'ail des ours ciselées. Ajouter l'origan en toute fin de cuisson. Débarrasser dans un plat et garder au chaud.

Dans la même poêle, confire à couvert les tomates vertes lavées à l'eau claire, séchées et taillées en morceaux.

Quand elles paraissent fondantes, y ajouter les légumes, les olives vertes dénoyautées et la moitié du persil ciselé. Cuire à couvert 15 min (prolonger si besoin jusqu'à ce que ce soit fondant). Cinq minutes avant la fin, ajouter les câprons grossièrement hachés et arroser de vinaigre balsamique blanc, poivrer largement et parsemer du reste de persil ciselé avant de servir.

2 bottes de radis
1 tête de brocoli
1 c. à c. d'huile d'olive
3 tiges d'oignon frais
80 cl d'eau
1 c. à c. de bouillon de légumes en poudre (Rapunzel®)
2 grosses c. à s. de purée de graines de courge
1 citron vert
Huile de courge
Poivre vert

Pour 4 personnes
Préparation : 30 min
Cuisson : 10 min

Velouté de fanes de radis & brocoli

Couper les fanes de radis et les rincer à l'eau claire. Les essorer. Prélever des bouquets sur le pied de brocoli en mettant de côté quelques fleurettes. Les rincer à l'eau claire.

Verser l'huile d'olive dans une casserole et y mettre les tiges d'oignon ciselées, les fanes de radis et les fleurettes de brocoli. Imprégner pendant 5 min en remuant, puis recouvrir avec 70 à 80 cl d'eau aromatisée avec le bouillon de légumes en poudre. Cuire à feu moyen pendant 7 min.

Récupérer les légumes à l'aide d'une écumoire et les placer dans le bol d'un mixeur. Ajouter la purée de graines de courge, le jus de ½ citron vert et mixer de manière à obtenir une purée homogène. Puis délayer avec le bouillon jusqu'à l'obtention de la consistance désirée.

Répartir la soupe dans les bols, râper le zeste de citron vert, décorer de graines de courge toastées à sec rapidement à la poêle.

Servir avec quelques gouttes d'huile de courge et un tour de moulin à poivre.

Pour 4 personnes

Préparation : 35 min

Cuisson : 35 min

500 g de petits pois frais
ou 185 g de petits pois frais écossés

200 g de pois gourmands

2 pak choï

2 choux-raves

3 courgettes

1 petit chou romanesco

350 g d'edamame surgelés

3 c. à s. de curry vert en poudre

1 botte de coriandre

300 g de couscous de petit épeautre

3 c. à c. de coriandre en poudre

Huile d'olive

Fleur de sel

Curry vert & couscous de petit épeautre

Rincer les légumes à l'eau claire et les sécher dans un linge propre.

Écosser les petits pois pour les ébouillanter 5 min, puis les plonger dans un bol d'eau glacée pour stopper la cuisson.

Faire de même avec les pois gourmands, puis les edamame après les avoir épluchés.

Fendre les pak choï en 2 ou en 3.

Éplucher les choux-raves, les découper en cubes pour les déposer dans le panier du Vitaliseur ou du cuit-vapeur durant 5 min.

Verser un peu d'huile d'olive dans une cocotte et y déposer les pak choï, les cubes de chou-rave, les courgettes coupées en morceaux et les laisser colorer légèrement durant 5 min.

Ajouter le curry vert et le chou romanesco détaillé en fleurettes. Couvrir avec un peu d'eau et cuire le temps que les légumes deviennent légèrement fondants.

Cinq minutes avant la fin, ajouter les petits pois, les pois gourmands, les edamame et la coriandre ciselée.

Mélanger la semoule de petit épeautre avec la coriandre en poudre, 1 pincée de fleur de sel et 1 c. à s. d'huile d'olive. Mélanger et recouvrir d'eau chaude pour laisser gonfler.

Répartir les légumes et la semoule de couscous dans les bols et arroser du bouillon de cuisson des légumes.

1 courgette

2 fenouils

200 g de pousses d'épinard

350 g d'edamame surgelés

3 branches de céleri

10 brins de persil

3 gousses de cardamome

1 c. à c. de graines de fenouil

1 poignée de pousses de radis

80 cl d'eau

1 c. à c. de bouillon de légumes en poudre (Rapunzel®)

Pour le pesto

200 g de roquette

1 c. à s. de graines de courge

1 c. à s. d'aneth

1 c. à s. de coriandre

1 c. à s. de pistaches décortiquées

1 c. à c. de poivre vert

2 c. à s. d'huile d'olive

1 citron vert

Pour 4 personnes

Préparation : 40 min

Cuisson : 20 min

Minestrone verde

Rincer à l'eau claire la courgette, les fenouils dont la première feuille est ôtée, les pousses d'épinard, la roquette, le persil et les branches de céleri. Essuyer les légumes.

Émincer les fenouils et le céleri. Tailler la courgette en rondelles.

Écraser au pilon les graines de cardamome et les graines de fenouil.

Verser 1 petite c. à s. d'huile d'olive dans une casserole et y faire revenir les graines de cardamome et de fenouil écrasés. Ajouter les légumes. Imprégner et mouiller avec 80 cl d'eau aromatisée avec le bouillon de légumes en poudre.

Cuire 15 à 20 min (les légumes sont un peu croquants). Cinq minutes avant la fin, ajouter les épinards, le persil effeuillé, les edamame épluchés.

Composer le pesto en mixant la roquette, les graines de courge, l'aneth, la coriandre, les pistaches et le poivre, délayer avec l'huile d'olive et un peu de jus de citron vert.

Répartir le bouillon avec les légumes dans des assiettes et servir avec une quenelle de pesto.

1 botte de fanes de carotte (70 g)
50 g d'amandes entières
50 g de parmesan
1 gousse d'ail frais
100 g d'huile d'olive
1 citron
Fleur de sel
Poivre vert

Pour 2 à 3 pots de yaourt en verre
Préparation : 10 min
Trempage : 4 h

Pesto de fanes de carotte

Tremper les amandes dans un bol d'eau de source ou d'eau filtrée pendant au moins 4 heures pour les réhydrater. Les éplucher en enlevant la peau brune.

Rincer à l'eau courante les fanes de carotte et les sécher soigneusement dans un linge propre.

Retirer les tiges des fanes et hacher grossièrement les feuilles au couteau.

Mixer les fanes avec la gousse d'ail épluchée, le parmesan coupé en petits morceaux, les amandes mondées et les ¾ de l'huile d'olive jusqu'à l'obtention d'une purée un peu grumeleuse.

Presser le citron et verser la moitié du jus dans le pesto. Saler. Poivrer et donner encore un tour de mixeur. Rectifier l'assaisonnement si nécessaire. Remplir des pots en verre. Couvrir la préparation avec l'huile d'olive restante et conserver au frais.

1 concombre
1 botte d'estragon
1 citron vert
1 l d'eau de source ou d'eau filtrée

Pour 1 l
Préparation : 10 min
Réfrigération : 1 h

Eau estragon & concombre

Rincer soigneusement le concombre, l'estragon et le citron vert à l'eau claire. Passer le concombre à la mandoline afin de le découper en grandes et fines lanières. Couper de fines tranches de citron.

Verser l'eau dans une carafe avec les tagliatelles de concombre, quelques branches d'estragon et des lamelles de citron vert et laisser infuser au réfrigérateur.

Pour 4 personnes

Préparation : 25 min

Repos : 30 min

3 courgettes

Le jus de 1 citron vert

220 g de petits pois frais
ou 80 g de petits pois écossés

2 c. à s. de pistaches

3 tiges d'oignon frais

1 botte d'aneth

1 botte de menthe

1 botte de basilic

1 c. à c. de poivre vert

Fleur de sel

Tagliatelles de courgette sauce aux pois frais

Rincer à l'eau claire les courgettes et les sécher dans un linge propre. Les émincer très finement à la mandoline dans le sens de la longueur. Les placer dans un saladier et les arroser avec le jus du citron vert pour les « fatiguer ».

Mixer les petits pois frais avec les pistaches, 2 tiges d'oignon frais, l'équivalent de 2 c. à s. d'aneth, autant de menthe et de basilic.

Ajouter le poivre vert écrasé au pilon et la dernière tige d'oignon blanc ciselée. Mélanger et répartir sur les courgettes. Saler avant de servir.

800 g de petites pommes de terre primeurs

2 kg de petits pois frais
ou 700 g de petits pois écossés

1 douzaine d'olives noires

150 g de roquette

2 feuilles de laurier

Pour la vinaigrette

1 botte de cerfeuil

1 botte d'aneth

1 botte de coriandre

4 branches de menthe

1 citron

3 c. à s. d'huile d'olive

2 c. à s. d'huile de colza

1 c. à s. de vinaigre de riz

Fleur de sel

Poivre blanc

Pour 4 personnes

Préparation : 20 min

Cuisson : 25 min

Salade de printemps aux herbes

Laver les pommes de terre à l'eau courante et les brosser pour les débarrasser de leur peau.

Les placer dans le panier du Vitaliseur ou du cuit-vapeur et les cuire avec le laurier pendant 15 à 20 min selon la grosseur (vérifier la cuisson avec la lame d'un couteau). Réserver.

Écosser les petits pois si besoin et les ébouillanter pendant 5 min. Les plonger dans un saladier d'eau glacée pour stopper la cuisson.

Mélanger dans un saladier les petits pois et les pommes de terre.

Rincer la roquette et les herbes aromatiques à l'eau claire et les sécher soigneusement dans un linge propre.

Ciseler les herbes au-dessus d'un bol. Ajouter l'huile d'olive et l'huile de colza, le vinaigre de riz et le jus du citron pressé. Mouiller les légumes de cette vinaigrette, puis répartir dans les assiettes.

Ajouter quelques feuilles de roquette, déposer quelques olives noires, saupoudrer de fleur de sel, poivrer et servir.

28 asperges blanches (2 kg)
20 cl de lait de coco
1 c. à c. de citronnelle hachée fraîche ou surgelée
1 morceau de gingembre
1 à 2 c. à s. de vinaigre de riz
Quelques branches de cerfeuil
Fleur de sel
Poivre blanc

Pour 4 personnes
Préparation : 30 min
Cuisson : 25 min
Repos : 4 h

Asperges émulsion de lait de coco

Rincer les asperges à l'eau claire et les sécher soigneusement dans un linge propre. Couper le pied et les éplucher sur les ¾ de leur hauteur.

Les déposer dans le tamis du Vitaliseur ou d'un cuit-vapeur et les laisser cuire pendant 20 min.

Verser le lait de coco dans une casserole et porter à petits bouillons avec la citronnelle hachée et l'équivalent d'une noix de gingembre râpé.

Éteindre le feu et laisser refroidir et infuser à couvert.

Filtrer le lait de coco avec une passoire ou un chinois.

Prélever l'équivalent de 4 c. à s. de lait de coco et allonger avec le vinaigre de riz. Fouetter vigoureusement pour émulsionner la sauce.

En arroser les asperges déposées dans un plat et décorer de quelques pluches de cerfeuil. Saler et poivrer avant de servir.

S'ouvrir et partager

été

Ce que la nature a mûri dans les profondeurs de la terre durant l'hiver et fait éclore au printemps arrive à maturité avec l'été. Voici venu le temps de l'abondance.

Tout est foisonnement, couleur, effervescence. Les rayons du soleil réchauffent les peaux dénudées et les journées ne cessent de s'étirer jusqu'à ce que la nuit hisse son chapelet d'étoiles pour éclairer des soirées souriantes.

L'été est sans nul doute la saison la plus sensorielle, car il s'agit tout autant de s'installer dans cette joie simple du partage, de l'échange que de s'abandonner à la nonchalance des jours moites. Et plutôt que céder à l'exaltation ou l'envie du « toujours plus », d'écouter les messages du corps, de prendre soin de notre énergie, là, maintenant, pour qu'au retour de la saison froide, nous puissions compter sur nos ressources physiques et mentales, il nous incombe de jouir pleinement de ce temps d'oisiveté, quitte à flirter parfois avec l'ennui.

Ce savant dosage se conjugue au fil d'assiettes entre audace et équilibre, de saveurs où le cru se dispute au cuit pour dessiner une carte des contrastes. Les pratiques à dérouler comme des rituels rafraîchissent, délient et soulagent afin de célébrer la vie dans ce qu'elle a de plus lumineux.

Les produits d'été

LÉGUMES			
AIL	CÉLERI-BRANCHE	HARICOT À ÉCOSSER	POIS MANGE-TOUT
AUBERGINE	CHOU-FLEUR	HARICOT VERT	POIVRON
AVOCAT	CONCOMBRE	MAÏS	POMME DE TERRE
BETTERAVE	COURGETTE	NAVET	RADIS
BLETTE	ÉPINARD	OIGNON BLANC	SALADE
CAROTTE	FENOUIL	PETIT POIS	TOMATE

FRUITS			
ABRICOT	FIGUE	MÛRE	QUETSCHE
AMANDE	FRAISE	MYRTILLE	RAISIN
AVOCAT	FRAMBOISE	NECTARINE	REINE-CLAUDE
BANANE	GROSEILLE	PASTÈQUE	RHUBARBE
CERISE	KIWI	PÊCHE	
CITRON	MELON	PRUNE	

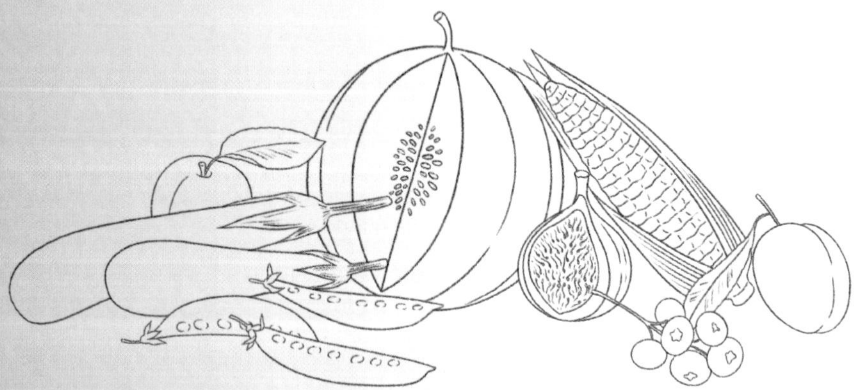

Les élixirs santé

Plébiscitées par les naturopathes, ces boissons, lorsqu'elles sont faites maison, ont le bon goût de booster l'immunité, réguler le système digestif (en chouchoutant notre microbiote), réduire les inflammations…

LES JUS ET SMOOTHIES

Associé au mot « détox », le « *juicing* », comme on l'appelle outre-Atlantique, s'inscrit dans la tendance végétale du 100 % cru (ou « *raw food* »). Ces breuvages de légumes et/ou de fruits fraîchement mixés ou pressés (à l'extracteur ou au blender) sont de vraies bombes nutritives. Libérés de la cellulose du légume ou du fruit entier dans laquelle ils sont emprisonnés, les vitamines (C, B, K, E...), les minéraux (fer, potassium, phosphore...) et les antioxydants (flavonoïdes, anthocyanes, acides phénoliques...) sont, en effet, rapidement assimilés par l'organisme. S'il peut être intéressant de les adopter en monodiète pour un effet « coup de fouet » une fois par semaine (au printemps ou en été de préférence) ou lors du petit-déjeuner (de temps en temps), il convient toutefois de respecter le ratio de 60 à 80 % de légumes pour 40 à 20 % de fruits (attention au fructose) et de ne pas en abuser. L'alimentation liquide a le défaut de zapper la mastication des fibres végétales qui jouent un rôle important dans la gestion de la glycémie et la bonne santé du microbiote, et le cru, l'inconvénient de générer de la fermentation dans l'intestin grêle.

LES EAUX AROMATISÉES ET LES TISANES

Moins nourrissantes mais plus simples à confectionner, les eaux aromatisées et les infusions ou décoctions (la plante est bouillie) mettent l'accent sur l'eau qui constitue jusqu'à 65 % de notre corps et que nous perdons à raison de deux litres et demi par jour. Composées de végétaux frais ou secs, d'épices et même de fleurs ou de céréales, elles hydratent l'organisme en même temps qu'elles accélèrent le fonctionnement des organes émonctoires que sont le foie et les reins. Avec un petit bémol : elles peuvent fatiguer l'organisme, dès lors qu'elles sont la seule source d'hydratation car la présence de végétaux lance le processus de digestion à chaque gorgée. Consommées en trop grande quantité (plus de trois tasses par jour) ou sur une période trop longue, les substances actives des tisanes peuvent avoir des effets secondaires non désirés.

LES BOISSONS FERMENTÉES

Le kéfir est issu de la fermentation de lait animal (vache, brebis ou chèvre) ou de sucre de fruits (figue, datte, citron...). Les grains blancs et gélatineux utilisés pour produire ces boissons légèrement pétillantes sont en réalité des micro-organismes vivants (bactéries probiotiques et levures), dont les propriétés concourent à la bonne santé du système digestif et des défenses naturelles de l'organisme. À consommer de façon progressive et modérée (un verre par jour) pour vérifier la bonne tolérance à son acidité.

Le kombucha est une boisson fermentée à base de thé (vert ou noir), naturellement pétillante et légèrement acide. Elle peut être aromatisée avec toutes sortes d'ingrédients (herbes, fruits, épices...). Ensemencé avec un SCOBY (pour *Symbiotic Culture of Bacteria and Yeast*), il s'enrichit de vitamines, minéraux, acides aminés, mais affiche un faible taux d'alcool (entre 1 et 2,5 %) et de caféine. Personnes sensibles, s'abstenir.

Manger vivant

À nous simplifier la vie, nous avons oublié que le bon (pour nous) est de rester au plus près de ce que propose la nature, dans ce qu'elle a de vivant et adapté au maintien de notre capital santé.

Le mot tourne beaucoup chez les « naturo », les végétariens et forcément les adeptes du crudivorisme. Mais de quoi parle-t-on avec l'alimentation vivante ? Au plus simple, de produits bruts, naturels, d'origine biologique et de saison (de préférence) consommés tels quels, c'est-à-dire crus, ou après germination ou fermentation. Sont dits vivants les végétaux (légumes, fruits, herbes et algues) entiers ou en extraction (jus), les graines activées (légumineuses, légumes et aromatiques, céréales...), les noix trempées (amandes, noisettes, cajou...), les boissons fermentées (kéfir et kombucha) et les aliments lactofermentés (kimchi, pickles...) ou déshydratés. Lorsqu'il y a « process » ou transformation, c'est pour renforcer les qualités nutritives et la digestibilité de l'aliment. Ainsi les légumes lactofermentés sont une source intéressante de probiotiques, ces bactéries intestinales qui nous veulent du bien, tandis que les graines, une fois germées, affichent 3 à 10 fois plus de vitamines et minéraux.

100 % CRU OU PAS VRAIMENT ?

Tout est question de terrains et d'équilibre. Même si le cru a le bon goût d'être rassasiant (la mastication est plus longue) et assainissant (sa richesse en fibres favorise l'élimination des déchets au niveau intestinal), certains métabolismes le supportent difficilement, surtout lorsqu'il est le seul élément constituant du repas. La stagnation, la fermentation ou la putréfaction du bol alimentaire provoquent alors maux de ventre (ballonnements, gaz) et surcroît de fatigue. L'abondance de fruits, et donc de fructose, peut dans certains cas acidifier l'organisme. Et manger cru en hiver sollicite enfin fortement les reins et la rate pour réchauffer l'estomac et enclencher le processus de digestion. Réduire l'alimentation vivante à du 100 % cru 365 jours par an est une idée facile, mais hors propos.

Le corps, surtout sous nos latitudes et avec nos modes de vie, a besoin de chaud. Une cuisson douce (< 45 °C ou à la vapeur douce du Vitaliseur) afin de ne pas altérer, voire détruire, vitamines,

minéraux et enzymes ou une déshydratation à basse température (< 40 °C) préserve les qualités nutritionnelles des aliments et permet de varier les textures et les saveurs. La bonne démarche pour manger le plus souvent « vivant » est alors de commencer le repas par du cru (légumes, jus ou fruits) dont les enzymes (essentielles au bon fonctionnement de l'organisme) vont soutenir le processus de digestion des aliments chauds qui suivront et que la cuisson aura en partie altérés.

COUP DE BOOST HOME MADE

Les graines germées font partie des superaliments. Riches en vitamines, minéraux, acides aminés, fibres et antioxydants, elles possèdent en elles tout le potentiel de la plante dont elles sont issues.

Lentilles, pois chiches, haricots mungo, sarrasin, lin, luzerne (alfalfa)... Tout, ou presque, est possible.

Faire tremper 1 à 2 c. à s. de graines 12 heures à température ambiante et les égoutter pour les placer dans un pot en verre (type pot à confiture) recouvert d'un morceau de gaze, de tulle ou une compresse maintenue par un élastique. Les humidifier abondamment 2 fois par jour en faisant attention à ce qu'elles ne stagnent pas dans l'eau. L'idéal, c'est de placer le pot de manière qu'il reste penché à 45 °C. Au bout de 2 à 6 jours, les graines germent et peuvent être ajoutées à des salades ou des légumes après avoir été rincées.

Le casse-tête de l'eau

Notre corps est composé de 60 à 65 % d'eau, dont 76 % pour le cerveau ou encore 90 %* pour le plasma sanguin. Boire de l'eau tout au long de la journée, c'est prendre soin de notre santé.

Impossible pour le corps humain de stocker l'eau éliminée en permanence par la transpiration, la respiration (à l'expiration) et enfin les excrétions. Et si cette perte hydrique varie en fonction de l'environnement, des conditions atmosphériques et des activités, l'organisme a besoin, pour maintenir l'équilibre**, d'une quantité globale de 2 litres par jour (pour les femmes selon l'European Food Safety Authority) répartis de la façon suivante : 0,5 litre apporté par les aliments, et 1,5 litre par les boissons (eau ou eau aromatisée plutôt que thé ou café).

Une perte de 1 % de la quantité d'eau contenue dans le corps déclenche la soif, premier niveau d'alerte. Puis, au-delà apparaissent toutes sortes de maux (défaut de concentration, irritabilité, crampes, sécheresse oculaire...).

EAU DE SOURCE OU EAU MINÉRALE NATURELLE ?

L'une et l'autre ont en commun d'être issues de nappes souterraines microbiologiquement saines, protégées des risques de contamination et garanties sans traitement chimique.

Ce qui les différencie, c'est leur composition en minéraux et oligo-éléments (magnésium, calcium, sulfites...). Variable avec une saveur irrégulière pour la première. Stable avec un goût constant pour la seconde. Au-dessus de 1 500 mg/l de résidus secs, l'eau minérale possède en outre des vertus thérapeutiques nécessitant une consommation particulière ; soit en cure (une semaine), soit en alternance (une fois par jour pendant plusieurs mois) avec d'autres eaux.

Le casse-tête avec l'eau embouteillée, c'est la présence désormais révélée de microplastiques provenant de la bouteille, du bouchon et du processus d'embouteillage***, de certains micropolluants chimiques et, depuis peu, de traitements de désinfection et dépollution non conformes à la réglementation (filtres à charbon actif, ultraviolet...).

ET L'EAU DU ROBINET ?

Elle suscite la méfiance et pourtant, c'est l'aliment le plus surveillé en France (56 paramètres mesurés *vs* 70 en Suisse). Le hic, c'est que « potable » ne veut pas dire « bonne pour la santé », du moins à long terme. Car enfin si l'eau du robinet est exempte de microbes pathogènes, elle est en revanche polluée (dans des normes fluctuantes de résidus de médicaments, pesticides, composés chimiques...) et souvent chlorée, et donc oxydée et oxydante.

Les solutions pour ne pas fatiguer les reins en surchargeant notre organisme de minéraux ou altérer notre santé avec un cocktail de polluants dont on ne sait rien, existent et vont du simple bâton de charbon actif (Bichotan) au filtre sous-évier (charbon, cartouche céramique) jusqu'à l'osmoseur.

L'EAU EN CURE

L'eau de Quinton se fonde sur l'analogie entre la composition minérale du sang humain et le plasma marin. Bourrée de sels minéraux et d'oligo-éléments, et de préférence récoltée manuellement en pleine mer, elle se décline en deux versions :

— Hypertonique à diluer dans une eau filtrée ou de source en cas de fatigue, surmenage, faiblesse du système immunitaire...

— Isotonique, plus douce parce que déjà diluée, pour revitaliser l'organisme ou soutenir le système digestif.

En cure de 20 à 30 jours.

L'hydroxydase est une eau minérale naturellement gazeuse riche en magnésium dont l'action est alcalinisante et dépurative. En cure de 1 mois.

Ces recommandations ne sauraient se passer d'un avis médical.

QUAND BOIRE ?

Tout au long de la journée bien sûr, et en premier au réveil après une pause de 7 à 10 heures sans apport hydrique.

S'hydrater 30 min avant le repas permet à l'eau de quitter l'estomac au moment de s'attabler. Plus facile alors de gérer la satiété. Attendre 1 heure après le repas évite la dilution des sucs gastriques sans ralentir la digestion des métabolismes paresseux.

** Selon le CNRS.*

*** Pour un adulte vivant sous un climat tempéré avec une activité modérée.*

**** Agir pour l'environnement.*

Source : B. Saint Girons, La qualité de l'eau, *éd. Médicis, 2020.*

Le moment pour...

L'été, avec ses longues journées et son soleil radieux, peut nous donner l'impression que tout est possible... À condition de suivre quelques recommandations.

LA « CURE ROUGE »

Si le soleil est salutaire au maintien de notre forme physique et psychique (synthèse de la vitamine D, stimulation des facultés cognitives, amélioration du moral...), l'excès de chaleur a, en revanche, tendance à fatiguer l'organisme.

Lorsqu'en été le mercure grimpe, la température corporelle suit le mouvement et entraîne l'accélération du rythme cardiaque. Pour garder l'équilibre (37 °C pour le système nerveux central et les organes thoraco-abdominaux), le corps n'a d'autre moyen que transpirer (avec le risque de déshydratation) et de ralentir son métabolisme (avec l'inconvénient de voir apparaître ballonnements, spasmes, fermentation...).

Il peut être intéressant alors d'alléger son assiette en privilégiant les aliments de couleur rouge (fraise, tomate, pastèque, poivron...) riches en lycopène, anthocyanes, vitamines A et C, antioxydants. Une petite cure de 3 jours de légumes et fruits rouges, en alternant cru et cuit, facilite la digestion et soulage le système cardiovasculaire (*voir recettes p. 76, 104, 152, 156, 166 et 222*).

LE BROSSAGE À SEC

Plébiscité par les yogis qui l'appellent *Garshan*, ce massage se pratique à sec (le matin avant la douche), sur une peau nue (c'est-à-dire sans crème ou huile cosmétique) avec une brosse en fibres naturelles (comme la soie animale ou la fibre Tampico ou agave), dont l'action exfoliante élimine les cellules mortes restées en surface de la peau et relance la circulation de la lymphe.

Procéder par effleurement en allant du bas vers le haut.

Jambes

Commencer par le dessous, puis le dessus des pieds et remonter jusqu'au creux des genoux, puis jusqu'à l'aine.

Bras

Débuter par le dos des mains et remonter jusqu'au creux des coudes, puis des bras aux clavicules et aux épaules. Penser aux aisselles.

Buste

Brosser dans le sens des aiguilles d'une montre au niveau des organes de digestion. De la poitrine vers le cou.

Dos

Partir du milieu de la colonne vertébrale et brosser horizontalement vers le ventre jusqu'à la hauteur de la taille.

LA DOUCHE FROIDE

C'est-à-dire en dessous de 20 °C, elle a pour intérêt d'améliorer la circulation sanguine et activer la microcirculation, de réduire les signes d'inflammation et de favoriser la bonne humeur.

À pratiquer pendant quelques secondes à quelques minutes, le matin à jeun de préférence et à éviter en cas de fatigue des surrénales ou de cardiopathologies.

Pour aller sous l'eau froide plus facilement, un des tips est de brosser le corps, comme indiqué précédemment, et d'appliquer ensuite de l'huile de coco, ou toute autre huile végétale, qui laissera un petit film sur la peau. Commencer par mouiller les pieds et remonter progressivement en évitant le bas de l'abdomen et la tête.

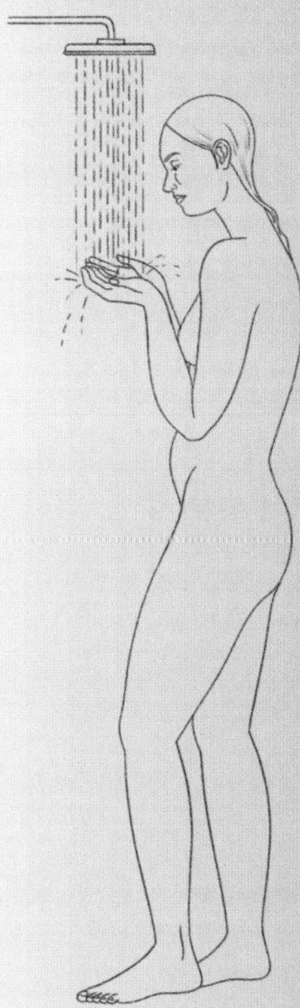

Yoga

LA SALUTATION AU SOLEIL OU *SURYA NAMASKAR*

Cet enchaînement de 12 postures dynamiques synchronisées avec la respiration se pratique le matin, de préférence à jeun, et face au soleil puisqu'il s'agit de le saluer. Réalisé seul, il active la circulation sanguine, lubrifie les articulations et assouplit la colonne en plus de relâcher le mental. L'inspir et l'expir se font par le nez.

1. Pranamasana

Debout, les pieds joints, les mains en prière devant la poitrine et la concentration au centre du cœur.

2. Hasta uttanasana

Inspirer, lever les bras au-dessus de la tête, paumes vers le ciel, étirer la tête et le corps vers l'arrière.

3. Padahastasana

Expirer, descendre le buste pour amener la tête aux genoux, jambes tendues, mains au sol de part et d'autre des pieds.

4. Ashwa sanchalanasana

Inspirer en allongeant la jambe droite tendue derrière, le genou gauche plié au-dessus de la cheville gauche, poitrine en avant, dos creusé, regard devant soi.

5. Parvatasana

Expirer, ramener la jambe gauche à côté de la jambe droite, puis soulever les fessiers vers le haut, jambes et bras tendus, la tête entre les bras pour former un triangle avec le corps.

6. Ashtanga namaskara

Poumons vides, plier les genoux, puis poser les genoux, la poitrine et le menton au sol. Fessiers surélevés et dos creusé.

7. Bhujangasana

Inspirer, abaisser les fesses et les hanches et tendre les bras pour décoller les épaules du sol, soulever la poitrine et creuser le bas du dos.

8. Parvatasana

Sur l'expir, pousser sur les mains, soulever les fessiers vers le haut, jambes tendues, talons posés au sol si possible, tête en direction des genoux.

9. Ashwa sanchalanasana

Inspirer, ramener le pied gauche entre les mains, le genou gauche au-dessus de la cheville gauche, jambe droite tendue derrière, dérouler la colonne pour ouvrir la poitrine, regard devant soi.

10. Padahastasana

Expirer, ramener le pied droit près du pied gauche, jambes si possible tendues, mains de part et d'autre des pieds et la tête aux genoux.

11. Hasta uttanasana

Inspirer et remonter le dos droit en pliant légèrement les genoux, bras tendus de chaque côté de la tête, étirer tout le corps vers l'arrière.

12. Pranamasana

Expirer en baissant les bras pour revenir en position de départ, mains en prière devant la poitrine. Concentration dans l'espace du cœur.

Pour faire un cycle complet, recommencez la série avec la jambe gauche derrière en position 4, et le pied droit qui vient entre les mains, jambe gauche tendue derrière en position 9. Selon le temps disponible et la forme physique, effectuez 3 ou 6 cycles.

LA RESPIRATION QUI RAFRAÎCHIT

Sitali est une respiration à adopter les jours de grandes chaleurs ou lorsque les émotions sont tellement fortes que le corps paraît en surchauffe. Pratiquée pendant 3 à 5 min, elle a pour intérêt de réguler la température de l'organisme et de relâcher les tensions.

Assis·e en tailleur, les fessiers sur un support afin d'étirer la colonne vertébrale, du coccyx jusqu'au sommet du crâne. Cette respiration peut être également pratiquée assis·e sur une chaise, les pieds bien à plat au sol. Les mains en *Gyan mudra* (pouce et index en contact) posées sur les genoux ou les cuisses.

Former un U avec la langue ou former un petit O avec la bouche de façon à inspirer l'air en petit filet (comme dans une paille) lentement. L'expiration se fait par le nez.

4 aubergines violettes de taille moyenne
4 oignons rouges
1 feuille de laurier
1 citron confit
4 œufs frais bio
2 c. à c. de coriandre en poudre

Pour la vinaigrette
2 c. à s. d'huile d'olive
1 ½ c. à s. d'huile de pépins de raisin
2 c. à c. de miel d'acacia
2 c. à s. de vinaigre de miel
2 c. à s. de câpres au vinaigre ou à l'huile
1 botte de persil plat
½ citron confit à l'huile
1 poignée de graines germées type radis
Sel, poivre

Pour 4 personnes
Préparation : 15 min
Cuisson : 30 min

Fondant d'aubergines au miel & œuf poché

Éplucher et émincer les oignons. Rincer les aubergines sous un filet d'eau froide, les essuyer et les couper en petits dés en gardant la peau.

Les déposer avec les oignons et la feuille de laurier dans le panier d'un cuit-vapeur et cuire 7 à 10 min.

Verser un peu d'huile d'olive dans une poêle, puis ajouter les aubergines avec les oignons et la coriandre en poudre. Cuire pendant 5 à 10 min en remuant régulièrement ; 2 min avant la fin, ajouter le citron confit émincé en fines lamelles. Puis débarrasser dans un saladier pour laisser tiédir.

Pendant ce temps, préparer l'assaisonnement en mélangeant les huiles, le vinaigre et le miel jusqu'à l'obtention d'une sauce homogène.

Rincer, sécher et émincer finement une vingtaine de brins de persil. Hacher grossièrement les câpres et ajouter les herbes et les condiments dans le saladier. Arroser de la vinaigrette et mélanger afin de bien repartir les saveurs. Saler si besoin.

Disposer dans des bols ou assiettes individuels.

Faire chauffer une casserole d'eau et ajouter 1 c. à s. de vinaigre de vin à l'ébullition. Créer un tourbillon dans l'eau à l'aide d'une cuillère en bois et y casser les œufs un à un.

Les cuire pendant 3 min dans une eau frémissante. Égoutter et déposer sur les aubergines dans les assiettes.

Donner un tour de moulin à poivre et décorer avec quelques graines germées.

4 tomates jaunes et rouges
3 poivrons rouges
2 gousses d'ail
1 feuille de laurier
2 oignons rouges
3 tranches de pain au sarrasin ou au levain
10 brins de persil plat
1 c. à s. de vinaigre balsamique rouge
4 c. à s. d'huile d'olive
Fleur de sel
Poivre du moulin

Pour 4 personnes
Préparation : 10 min
Cuisson : 30 min
Repos : 30 min

Panzanella

Laver et sécher les tomates dans un linge propre. Puis les couper en quartiers en retirant le pédoncule. Réserver.

Laver et sécher les poivrons. Déposer dans le panier à vapeur durant 20 min. Les peler et les épépiner pour les tailler en larges lamelles. Puis les poêler à feu doux dans 1 c. à s. d'huile d'olive avec les gousses d'ail non pelées et la feuille de laurier pendant 10 min.

Éplucher et émincer les oignons et les ajouter aux poivrons avant de poursuivre la cuisson 10 min. Débarrasser dans un plat et laisser refroidir en retirant la gousse d'ail et la feuille de laurier.

Passer le pain au grille-pain sans le griller.

Verser de nouveau 1 c. à s. d'huile d'olive dans la poêle et y faire dorer le pain coupé en dés pendant 5 à 10 min.

Intégrer le pain aux poivrons, avec les tomates et le persil plat lavé, séché et ciselé.

Préparer la vinaigrette en mélangeant 2 c. à s. d'huile d'olive et le vinaigre balsamique. Verser sur la salade.

Saler et poivrer avant de mélanger soigneusement. Laisser reposer 30 min avant de servir.

Pour 4 personnes
Préparation : 20 min
Cuisson : 5 min

400 g de haricots verts
250 g de fraises
6 c. à s. de salicornes au vinaigre
8 figues séchées
1 poignée de pousses de pois
120 g de feta
1 botte de ciboulette
1 botte de cerfeuil
1 feuille de laurier
Huile d'olive
Vinaigre de figue
Fleur de sel
Poivre du moulin

Salade de haricots verts aux fraises

Rincer, équeuter et cuire les haricots verts au Vitaliseur (ou cuit-vapeur) avec le laurier pendant 4 à 5 min (ils doivent rester croquants).

Égoutter les salicornes et les rincer sous l'eau froide. Les sécher et réserver.

Rincer et équeuter les fraises pour les couper en 2. Réserver. Émincer les figues.

Mettre les haricots verts, les salicornes, les fraises et les figues dans un grand plat. Ajouter la feta émiettée.

Préparer la vinaigrette en mélangeant 4 c. à s. d'huile d'olive avec 2 c. à s. de vinaigre de figue et arroser la salade. Mélanger. Saler et poivrer. Ajouter les pousses de pois, la ciboulette ciselée en longs brins (2 à 3 cm) et les pluches de cerfeuil.

500 g de tomates cerises
120 g de feta
1 botte d'oignons nouveaux
1 botte de basilic
Huile d'olive
Fleur de sel
Poivre du moulin

Pour 4 personnes
Préparation : 15 min
Cuisson : 25 min

Fondue de tomates cerises

Préchauffer le four à 180 °C (th. 6).

Éplucher les oignons blancs en gardant 5 cm de tige. Les fendre en deux s'ils sont gros.

Les déposer dans un plat allant au four et poser au milieu le bloc de feta.

Rincer et sécher les tomates cerises en les conservant sur leurs branches et les ajouter de chaque côté du fromage. Arroser avec 2 c. à s. d'huile d'olive.

Enfourner durant 20 à 25 min.

Sortir du four, écraser la feta et arroser d'huile d'olive. Parsemer de feuilles de basilic frais. Poivrer et servir avec une semoule de sarrasin.

1 kg de pommes de terre nouvelles
2 têtes d'ail frais
3 branches de romarin frais
1 botte de basilic
Huile d'olive
Fleur de sel

Pour 4 personnes
Préparation : 15 min
Cuisson : 40 min

Pommes de terre confites

Préchauffer le four à 180 °C (th. 6). Rincer les pommes de terre sous l'eau courante en les frottant, puis les sécher dans un linge propre.

Les mettre dans un plat en coupant les plus grosses en deux dans le sens de la longueur. Ajouter les têtes d'ail coupées en deux dans le sens de l'épaisseur.

Arroser d'huile d'olive, saupoudrer de fleur de sel, ajouter le romarin et mélanger pour imprégner les tubercules.

Enfourner pour 40 min.

Parsemer de feuilles de basilic pourpre au moment de servir.

2 poivrons jaunes
6 jeunes carottes
250 g de tomates cerises jaunes et orange
2 petites courgettes jaunes
2 pêches
1 burrata
100 g de roquette
1 poignée de pousses de pois
1 poignée d'amandes mondées
Huile d'olive
Fleur de sel
Poivre du moulin

Pour la vinaigrette
1 botte de menthe
10 brins d'aneth
10 brins de persil plat
Huile d'olive
Vinaigre balsamique blanc

Pour 4 personnes
Préparation : 25 min
Cuisson : 45 min

Salade toute jaune

Rincer et sécher la roquette. Faire de même avec les tomates cerises avant de les couper en 2. Réserver.

Torréfier les amandes dans une poêle à sec. Réserver.

Rincer et sécher les poivrons pour les placer dans le panier du Vitaliseur. Cuire pendant 20 min, puis les sortir du panier pour les déposer dans une assiette et couvrir pour refroidir.

Les peler et les couper en 2 pour les égrainer. Les tailler en larges lanières.

Laver les courgettes et les carottes (les gratter avec un couteau si nécessaire). Les sécher dans un linge propre. Tailler les courgettes en rondelles épaisses (1,5 cm) et laisser les carottes entières. Les placer dans le Vitaliseur pour 5 min de cuisson (les carottes doivent rester *al dente*).

Dans une poêle, verser 1 c. à s. d'huile d'olive et faire revenir rapidement, séparément et à feu vif, les poivrons, les carottes et les courgettes.

Déposer la roquette dans un plat, puis les légumes cuits par-dessus et enfin les tomates cerises.

Préparer la vinaigrette après avoir lavé et séché les herbes. Les ciseler au-dessus d'un bol. Y verser 3 c. à s. d'huile d'olive et 1 à 2 c. à s. de balsamique blanc.

Passer les pêches à l'eau claire et les trancher en fins quartiers. Les ajouter au plat avant de poser la burrata, de parsemer d'amandes toastées, de pousses de pois et d'arroser le tout avec la vinaigrette d'herbes. Saler et poivrer avant de servir.

Pour 4 personnes
Préparation : 20 min
Cuisson : 35 min
Repos : 2 h
Réfrigération : 1 h

1 douzaine d'abricots
22 amandes entières
½ c. à c. de fleurs de lavande sans traitement
1 c. à s. de miel d'acacia

Pour la pâte

66 g de beurre cru à température ambiante
66 g de sucre complet
45 g de poudre d'amandes
50 g de farine de riz
95 g de farine de sarrasin
1 pincée de fleur de sel
1 œuf

Tarte rustique aux abricots & lavande

Disposer les amandes dans un bol et les couvrir d'eau de source ou filtrée pour au moins 2 heures.

Rincer les abricots à l'eau claire et les sécher soigneusement avec un linge propre. Les fendre en 2 et ôter le noyau.

Préparer la pâte en fouettant le beurre avec le sucre jusqu'à ce que le mélange blanchisse et ne « crisse » plus. Ajouter la poudre d'amandes, les farines tamisées et le sel. Mélanger. Casser l'œuf et travailler rapidement la pâte pour en faire un pâton homogène. Pré-étaler la pâte entre 2 feuilles de papier sulfurisé et entreposer au réfrigérateur pour 1 heure au minimum.

Préchauffer le four à 180 °C (th. 6).

Foncer un moule à tarte de 25 cm de diamètre. Répartir les abricots, intérieur sur le dessus, rabattre les bords de la pâte et enfourner pour 30 à 35 min.

Sortir du four et laisser tiédir sur une grille avant de placer 1 amande au centre de chaque abricot. Napper de miel et parsemer de fleurs de lavande.

Recette inspirée de mon amie Jennifer Hart-Smith (Tookies Gambetta).

500 g de melon jaune
1 courgette jaune
1 poivron jaune
120 g de feta
1 c. à s. de vinaigre de cidre
1 c. à c. de dukkah
1 poignée de feuilles de menthe
Huile d'olive
Fleur de sel
Poivre blanc du moulin

Pour 4 personnes
Préparation : 20 min
Cuisson : 20 min

Soupe de melon jaune

Rincer et sécher le poivron et la courgette dans un linge propre. Déposer le poivron dans le Vitaliseur ou cuit-vapeur durant 20 min. Au bout de 15 min, y ajouter la courgette coupée en rondelles et poursuivre la cuisson 5 min. Laisser tiédir.

Émietter la feta dans un bol et ajouter des feuilles de menthe ciselées. Poivrer. Ajouter le dukkah et un trait d'huile d'olive et mélanger.

Peler et épépiner le poivron et le placer dans le bol d'un mixeur avec les rondelles de courgette et la chair du melon. Ajouter pendant le mixage le vinaigre de cidre. Saler et poivrer. Servir dans les bols, ajouter la feta assaisonnée avant de servir.

2 kg de tomates charnues
2 gousses d'ail
2 gros oignons frais
2 branches de thym frais
3 feuilles de laurier
1 c. à s. d'huile d'olive
Quelques feuilles de basilic
½ c. à c. de sucre (si besoin)
Fleur de sel
Poivre du moulin

Pour 80 cl
Préparation : 20 min
Cuisson : 45 min

Coulis de tomates

Rincer les tomates à l'eau claire et les sécher avec un linge propre. Ôter le pédoncule et les couper en quartiers pour les épépiner.

Verser l'huile d'olive dans un faitout, ajouter les oignons épluchés et émincés et les gousses d'ail dans leur peau. Faire revenir tout doucement sans colorer.

Ajouter les tomates, le thym et le laurier. Laisser cuire à feu moyen pour réduire pendant 40 min. Ajouter ½ c. à c. de sucre si le coulis est trop acide.

Enlever les branches de thym et les feuilles de laurier et récupérer la peau des gousses d'ail.

Verser les tomates dans le presse-purée et passer la préparation.

Saler et poivrer à sa convenance. Ajouter les feuilles de basilic et verser dans des contenants en verre ébouillantés et parfaitement séchés.

À mettre au congélateur ou à conserver au réfrigérateur pendant 1 semaine.

3 courgettes vertes ou jaunes
200 g de halloumi
1 poignée de noisettes
1 citron vert
2 poignées de roquette
1 botte de cerfeuil
1 poignée de pousses de pois
Quelques brins de basilic
Huile d'olive
Sel, poivre

Pour la vinaigrette

1 morceau de gingembre frais
Huile d'olive
1 citron vert

Pour 4 personnes
Préparation : 30 min
Cuisson : 15 min
Repos : 1 h 15

Spaghettis de courgette & halloumi

Une heure auparavant, laisser tremper les noisettes dans de l'eau de source.

Rincer les courgettes à l'eau claire et les sécher. Couper les extrémités et les émincer finement à la mandoline, puis les retailler au couteau en spaghettis.

Préparer la vinaigrette avec 3 c. à s. d'huile et le jus du citron vert. Ajouter l'équivalent de ½ c. à c. de gingembre frais râpé. Arroser les courgettes. Saler et poivrer. Mélanger pour les « fatiguer » et laisser reposer pendant 15 min à température ambiante.

Égoutter les noisettes et les toaster à sec dans une poêle chaude. Débarrasser et laisser tiédir.

Déchirer le halloumi grossièrement et faire revenir les morceaux dans la poêle avec un peu d'huile d'olive. Les ajouter aux courgettes en même temps que la roquette lavée et séchée, les pousses de pois et les noisettes grossièrement concassées au couteau. Mélanger.

Parsemer de feuilles de basilic, de pluches de cerfeuil, du zeste du citron vert râpé. Saler et poivrer généreusement.

6 tomates green zebra (500 g)
1 petit poivron vert
½ concombre
2 oignons blancs frais
3 c. à s. d'huile d'olive
20 cl d'eau de coco sans sucre
1 citron vert
Tabasco® vert
4 branches de basilic
1 c. à s. de vinaigre balsamique blanc
Huile d'olive
Sel, poivre

Pour 4 personnes
Préparation : 15 min
Réfrigération : 1 h

Gaspacho de tomates vertes

Rincer les tomates à l'eau claire et les sécher. Les couper en 2 pour ôter les graines et le pédoncule. Éplucher le poivron, le couper en 2 pour ôter les graines et le pédoncule, puis le tailler en lanières.

Peler le concombre et le détailler en petits cubes. Éplucher les oignons blancs et les émincer.

Placer tous les ingrédients dans le bol d'un mixeur, y ajouter le basilic en gardant quelques feuilles pour la décoration et réduire en purée fine en ajoutant 3 c. à s. d'huile d'olive, le vinaigre balsamique, puis l'eau de coco afin d'obtenir la consistance désirée.

Verser dans un saladier, couvrir avec un film étirable et placer 1 heure au réfrigérateur.

Répartir dans les bols, ajouter 2 ou 3 gouttes de Tabasco®, un trait de citron vert, saler, poivrer et mélanger. Au moment de servir, verser un trait d'huile d'olive et déposer quelques feuilles de basilic.

Pour 4 personnes
Préparation : 20 min

120 g de semoule de sarrasin
2 à 3 tomates anciennes
1 botte de persil plat
1 botte de menthe

Pour la vinaigrette
1 c. à c. de coriandre en poudre
1 c. à c. de cardamome en poudre
½ c. à c. de gingembre frais râpé
4 c. à s. d'huile d'olive
3 c. à s. de jus de citron
1 c. à c. de sirop d'érable
Fleur de sel

Taboulé de sarrasin

Verser la semoule de sarrasin dans une assiette creuse, mouiller avec le même volume d'eau chaude. Laisser gonfler en couvrant avec une assiette.

Rincer les tomates à l'eau claire et les sécher soigneusement avec un linge propre. Ôter le pédoncule, les couper en 2, puis en quatre et les débarrasser de leurs graines. Les hacher grossièrement au couteau et les ajouter à la semoule de sarrasin.

Laver et sécher les herbes et ciseler finement les feuilles au couteau ou aux ciseaux. Les ajouter au taboulé. Mélanger.

Concasser les épices ou mélanger les poudres dans un bol en ajoutant le gingembre râpé, la fleur de sel, puis le sirop d'érable, l'huile d'olive et le jus de citron.

Mélanger, puis verser sur le taboulé et servir.

700 g de tomates jaunes
2 pommes type gala ou Juliet®
2 oignons jaunes
1 banane
2 feuilles de laurier
1 clou de girofle
1 c. à c. de paprika
1 c. à c. de massalé
½ c. à c. de curcuma en poudre
½ c. à c. de cannelle
3 c. à s. de vinaigre balsamique de pomme
1 c. à s. de sucre roux
1 c. à c. de concentré de tomates
2 c. à s. d'huile d'olive
Sel, poivre

Pour 2 bouteilles de 30 cl
Préparation : 15 min
Cuisson : 45 min

Ketchup de tomates jaunes

Couper les tomates en quartiers et les épépiner. Peler les pommes, les débarrasser de leur trognon et les couper en quartiers. Peler et émincer finement les oignons. Éplucher et couper la banane en rondelles.

Verser l'huile d'olive dans une casserole et y faire suer les oignons, sans colorer. Ajouter les pommes, la banane, les tomates, les épices, le laurier, le clou de girofle, le vinaigre, le sucre et le concentré de tomates. Mélanger soigneusement tous les ingrédients et laisser cuire à feu doux durant 40 min.

Ôter le laurier et le clou de girofle et verser la purée dans un bol. Mixer finement et verser le ketchup dans des bouteilles en verre après les avoir ébouillantées.

Ce ketchup se conserve une dizaine de jours au réfrigérateur.

4 petites pêches blanches
40 cl d'eau de source
100 g de sucre complet
1 c. à s. de miel d'acacia
2 branches de verveine fraîche

Pour 4 personnes
Préparation : 15 min
Cuisson : 25 min
Réfrigération : 2 h

Pêches au sirop de verveine

Rincer les fruits à l'eau claire et les ébouillanter pendant 2 à 3 min. Égoutter et les peler avec la pointe d'un couteau sans abîmer la chair.

Préparer le sirop en versant l'eau et le sucre dans une casserole et porter à ébullition. Y plonger les pêches et cuire 20 min à petit feu (la pointe d'un couteau doit pouvoir y entrer sans résistance).

Couper le feu, puis ajouter les branches de verveine en gardant quelques feuilles pour la décoration. Couvrir pour laisser infuser et refroidir complètement. Entreposer au réfrigérateur pour 2 heures au minimum.

Au moment de servir, prélever 1 petite louche de sirop et la mélanger avec le miel.

Déposer les pêches dans des bols individuels et arroser avec le sirop. Disposer les feuilles de verveine fraîche et servir.

1 pêche
125 g de framboises fraîches
2 branches de basilic
1 l d'eau de source ou d'eau filtrée

Pour 1 l
Préparation : 5 min
Réfrigération : 3 h minimum

Eau détox pêche, framboise, basilic

Rincer à l'eau claire la pêche et le basilic. Sécher délicatement avec un linge propre. Couper la pêche en fins quartiers et les plonger dans l'eau avec les framboises et l'herbe aromatique.

Ajouter si besoin 1 rondelle de citron pour éviter l'oxydation des fruits.

Laisser infuser au réfrigérateur. Plus c'est long et mieux c'est.

Pour 4 personnes
Préparation : 20 min
Cuisson : 25 min

2 grosses aubergines
3 courgettes
6 tomates
4 c. à s. de petites olives noires
1 oignon rouge frais
4 tiges d'oignon frais
2 gousses d'ail
2 branches de thym frais
4 branches d'origan frais
1 branche de basilic pourpre
1 branche de persil plat
1 feuille de laurier
Huile d'olive
Fleur de sel
Poivre

Ratatouille

Rincer à l'eau claire les légumes et les sécher avec un chiffon propre. Tailler les aubergines en gros cubes, les courgettes en rondelles, les tomates en quatre en prenant soin d'ôter les graines.

Éplucher les oignons frais et les couper en 2 ou en 4. Émincer l'oignon rouge.

Déposer les aubergines dans le panier du Vitaliseur ou du cuit-vapeur et précuire 5 à 10 min. Débarrasser et réserver. Précuire les courgettes pendant 5 min. Débarrasser et réserver.

Verser 2 c. à s. d'huile d'olive dans une cocotte et y faire revenir à feu doux et sans les colorer les oignons avec les gousses d'ail dans leur peau. Ajouter le thym, l'origan, le laurier et les cubes d'aubergine pour 10 min à couvert. Remuer afin de bien imprégner légumes et herbes. Puis verser les courgettes durant 5 min et enfin les tomates épépinées.

Mijoter à feu doux et à couvert 20 min. Ajouter les olives 5 min avant la fin.

Saler et poivrer. Au moment de servir, ajouter les feuilles de persil et de basilic grossièrement ciselées.

3 œufs frais
220 g de cerises
220 g de prunes rouges style quetsches
30 cl de lait d'amande sans sucre
50 g de sucre complet
40 g de poudre d'amandes
20 g de farine de riz
40 g de ghee ou de beurre

Pour 4 à 6 personnes
Préparation : 35 min
Cuisson : 40 à 50 min

Flognarde aux prunes & cerises

Préchauffer le four à 180 °C (th. 6).

Rincer à l'eau claire les fruits et les sécher soigneusement avec un linge propre. Les dénoyauter.

Faire fondre le ghee ou le beurre à feu doux dans le lait d'amande.

Casser les œufs dans un saladier et les battre avec le sucre jusqu'à ce que le mélange blanchisse.

Incorporer la farine et la poudre d'amandes et mélanger, puis ajouter le lait d'amande tiédi.

Répartir les fruits dans un plat allant au four et recouvrir de l'appareil avant d'enfourner pour 40 à 50 min. Laisser refroidir avant de déguster.

500 g de cornichons
4 c. à s. de sel de mer
3 branches d'estragon
12 oignons grelots ou petits oignons tiges
1 c. à c. de baies roses ou poivre noir
1 l de vinaigre blanc

Pour 4 bocaux
Préparation : 1 h
Réfrigération : 12 h

Cornichons

Brosser les cornichons avec une brosse à dents ou les frotter avec un torchon jusqu'à ce qu'ils soient lisses et brillants.

Les mettre dans une passoire posée sur une assiette creuse. Couvrir de sel et d'un linge et laisser reposer une nuit au réfrigérateur.

Le lendemain, passer les cornichons rapidement sous l'eau claire et les sécher soigneusement avec un linge propre.

Transvaser les cornichons dans des bocaux en verre ébouillantés et séchés. Répartir les feuilles d'estragon, les grains de poivre ou les baies roses, les oignons tiges épluchés entiers ou coupés en deux. Remplir de vinaigre blanc (il doit recouvrir les cornichons). Fermer le bocal et entreposer au réfrigérateur.

1 kg de cocos de Paimpol ou haricots blancs

300 g de tomates cerises

6 tiges d'oignon frais

1 gousse d'ail

1 oignon

1 clou de girofle

3 branches de thym

1 botte de persil plat

1 feuille de laurier

½ c. à c. de bouillon de légumes en poudre (Rapunzel®)

Huile d'olive

Fleur de sel

Poivre blanc

Pour 4 personnes

Préparation : 35 min

Cuisson : 1 h

Haricots de Paimpol aux tomates

Écosser les haricots. Les mettre dans une casserole avec le thym, le laurier, l'oignon épluché piqué du clou de girofle et la gousse d'ail non pelée. Couvrir avec de l'eau filtrée en ajoutant le bouillon et porter à ébullition. Cuire à feu moyen pendant 40 à 50 min. Ils doivent être tendres.

Éplucher les oignons frais et les poser dans le panier du Vitaliseur ou du cuit-vapeur et cuire 5 min. Réserver.

Rincer les tomates à l'eau claire et les sécher soigneusement.

Verser 1 c. à s. d'huile d'olive dans une poêle, ajouter les tomates, couvrir et les cuire durant 10 min. Ajouter les oignons et prolonger la cuisson de 10 à 15 min jusqu'à ce que les tomates confisent.

Avec une écumoire, prélever les haricots et les ajouter aux tomates. Poursuivre la cuisson 5 min, puis ciseler les feuilles de persil et le vert des tiges d'oignon.

Saler si besoin et poivrer.

Ralentir et s’écouter

automne

Discrètement, l’été cède la place à l’automne. Les couleurs tirent leur révérence en demi-teinte et la météo s’emballe entre rafraîchissement et grisaille. Au fil des jours, les arbres se dénudent et la faune n’est plus que murmure. Bientôt, les nuits prendront le pas sur des journées déjà raccourcies. L’équinoxe marque ce point de bascule. Inexorable. Précieux. Comme les forces intérieures retournent à la terre, nous entrons en nous-mêmes. C’est le temps d’un repli nécessaire pour contacter et nourrir une énergie différente. Une période d’adaptation durant laquelle nous sommes invité·es à ralentir pour regarder ce qui a été éprouvé les semaines précédentes, observer ce qui est à l’œuvre au présent. Car si la rentrée donne l’illusion d’un nouveau départ, d’une nouvelle page à écrire, un peu comme le fait chaque début d’année, elle peut aussi porter les germes d’une mélancolie piquante. Voire d’une fatigue lancinante. Il s’agira donc, pour traverser cette saison confortablement, de mettre en place des pratiques qui soutiennent nos aspirations, consolident notre bonne humeur et nous maintiennent en forme jusqu’à ce que l’hiver débarque.

Les produits d'automne

LÉGUMES			
AIL	CÈPE	HARICOT À ÉCOSSER	PÂTISSON
ARTICHAUT	CHOU DE BRUXELLES	HARICOT VERT	POIREAU
AUBERGINE	CHOU POMMÉ	HERBES AROMATIQUES	POIVRON
BETTERAVE	CHOU-FLEUR	LAITUE	POMME DE TERRE
BLETTE	COURGE	MÂCHE	POTIRON
BROCOLI	COURGE BUTTERNUT	NAVET	RADIS
CAROTTE	COURGETTE	OIGNON	TOMATE
CÉLERI-BRANCHE	ÉPINARD	PANAIS	
CÉLERI-RAVE	FENOUIL		

FRUITS			
AVOCAT	COING	MÛRE	PAMPLEMOUSSE
BANANE	FIGUE	MYRTILLE	POIRE
CHÂTAIGNE	KAKI	NOISETTE	POMME
CITRON	KIWI	NOIX	QUETSCHE
CLÉMENTINE	MANDARINE	ORANGE	RAISIN

La détox soupes

Opération « nettoyage » pour retrouver « un esprit sain dans un corps sain » et surtout pour recharger les batteries.

Les « détox » (j'aimerais trouver un autre mot) proposées dans cet ouvrage (*voir index p. 251*) ne sont ni des jeûnes ni des régimes. Il s'agit plutôt de pauses dans le maelström de nos vies (hyperconnexion, transports, pollutions diverses...), d'exercices de simplification dans la complexité de nos assiettes (*junk food*, produits ultra-transformés, modes alimentaires...). Des options 100 % végétales, dont le but est de reposer et de décrasser le système digestif en réduisant le nombre de messages et d'aliments (en variété, pas forcément en quantité) et de nous reconnecter aux sensations corporelles (faim et satiété, lourdeur et légèreté, fatigue et vitalité...) en bousculant nos habitudes.

UNE NOUVELLE ÉNERGIE

C'est à l'issue de cette pause qu'apparaît souvent une nouvelle énergie.

Physique, tout d'abord

Le processus de digestion qui commence dans la bouche avec la mastication des aliments et se prolonge dans l'estomac, puis dans l'intestin grêle et le gros intestin est un processus long (plus ou moins 24 heures) et fatigant. Une fois cuits, et surtout mixés, les légumes sollicitent peu d'énergie pour être digérés et leurs nutriments assimilés.

Psychique, ensuite

Désencombrer le corps, c'est alléger l'esprit. Ce temps offert à l'écoute du corps et de ses besoins permet au mental de faire le tri entre ce qui est important et ce qui l'est moins. Il arrive souvent que ces quelques jours de repos prandial soient accompagnés de prises de conscience sur notre état d'esprit au moment de passer aux fourneaux après une journée de travail, sur la qualité de notre présence, alors que nous préparons le repas ou nous nous mettons à table, ou encore sur nos tics alimentaires. D'ailleurs, il peut être intéressant de noter tout ce qui nous traverse l'esprit – jugements, certitudes, peurs... – durant cette expérience de 3 à 5 jours qui nous permet d'aller à la rencontre de nos modes de fonctionnement et des messages du corps en dehors de ses repères et de ses habitudes.

POUR QUI ?

Toute personne motivée qui a envie d'un *reset*, à l'exception des sujets concernés par une pathologie déclarée avec traitement allopathique.

QUAND ?

Une à deux fois par an, lorsque le système digestif semble paresseux (constipation passagère) ou en difficulté (ballonnements, mauvaise haleine, transpiration malodorante...).

Avec ou sans gluten

C'est la question qui taraude toutes celles et ceux qui ont une digestion complexe, des douleurs articulaires, des ballonnements ou des baisses de régime.

LE GLUTEN QUÈSACO ?

Le gluten (qui vient du latin *glutinum* ou « colle ») est un terme générique pour désigner les protéines contenues dans certaines céréales comme l'épeautre, le kamut et le fameux SABO – acronyme de seigle-avoine-blé-orge. C'est lui qui donne du volume, du moelleux et de l'élasticité à tout ce qui est pain, biscuits, céréales de petit-déjeuner, pâtes alimentaires. Mais du gluten, on en trouve aussi dans les plats préparés où il sert d'épaississant (pour les sauces, soupes, crèmes desserts...), les produits panés où il tient lieu de liant (nuggets, tempura, galettes...) et jusque dans le jambon blanc où il fait office de sucre (dextrose de blé). Et c'est sans compter tous les produits issus de céréales comme la bière, le seitan, les substituts de café (à l'instar de la chicorée). Le gluten est partout ! La tentation serait d'aller piocher dans les produits transformés dits « sans gluten » (le petit épi de blé barré), mais ce serait alors s'exposer à l'accumulation d'agents texturants, épaissisants, émulsifiants, humectants, sirop de sucre et sel en quantité.

ET C'EST QUOI LE PROBLÈME ?

Sa digestibilité. Les céréales ont subi de nombreuses transformations génétiques (un blé ancien contenait 5 % de gluten *vs* 20 % aujourd'hui) et nos organismes n'auraient pas la quantité suffisante d'enzymes permettant d'intégrer ces changements. Les céréales sont aussi, pour des raisons de conservation, souvent débarrassées de l'enveloppe du grain contenant la vitamine E aidant à la digestion.

Il y a deux façons de réagir au gluten.

— Les « sensibles » souffrent de maux d'estomac, de céphalées, de ballonnements, de fatigue... Autant de symptômes inconfortables qui apparaissent sitôt après avoir consommé du gluten. En réduisant ses apports en gluten, ou en le consommant de temps en temps sous forme de pain au levain ou de pâtes aux farines de blés anciens, il est possible d'enrayer le mécanisme.

— Les « hypersensibles ou intolérants » développent des pathologies plus ennuyeuses (nausées, éruptions cutanées, gêne respiratoire...)

jusqu'à la maladie cœliaque (1 % de la population) et son cortège de symptômes tels que l'amaigrissement, l'anémie, la dépression, les constipations ou diarrhées... Cette maladie auto-immune est la manifestation d'une mauvaise absorption des aliments par l'intestin provoquant un aplatissement de sa muqueuse.

Attention ! Pas d'autodiagnostic et pas de régime « gluten free » sans une prise de sang à la recherche d'anticorps (anti-transglutaminases) qui permettra de détecter la maladie.

LA QUESTION DES FARINES

Les farines sans gluten ne s'utilisent pas de la même manière que la farine de blé (on ne peut pas remplacer 100 g de farine de blé par 100 g d'une seule et même farine « gluten free »), mais se combinent entre elles. Les plus simples :

La farine de riz blanc ou complet

Fine, légère à la saveur discrète, elle donne du croustillant aux préparations. Elle peut constituer jusqu'à 70 % de la quantité de farine de la recette.

La farine de millet

Source de nutriments et mélangée avec de la farine de riz, elle permet de retrouver la texture des gâteaux faits avec de la farine de blé.

La farine de sarrasin

Un goût noisette un peu rustique à alléger avec une autre farine. Le bon dosage : ⅓ de sarrasin, ⅔ de farine de riz.

La farine de pois chiches

De couleur jaune pâle, celle qui renferme de nombreuses protéines végétales s'utilise indifféremment en préparation salée ou sucrée.

La farine de maïs

Hyperfine et d'une jolie couleur dorée, c'est l'une des rares à pouvoir être utilisée seule.

Un lait, des laits

Amandes

Noisettes

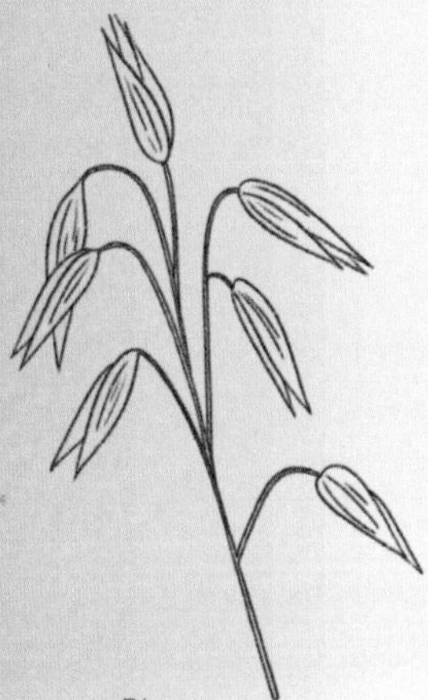

Riz

Noix de cajou

Tous les laits ne se valent pas. Animal, il est l'objet de controverses. Végétal, il a le vent en poupe, mais est source de carences. Comment s'inscrire alors dans une démarche plus respectueuse de l'environnement tout en prenant soin de sa santé ?

Les vertus du lait animal (surtout de vache) sont régulièrement remises en question. Ses détracteurs le disent chargé de produits phytosanitaires (herbicides, pesticides... provenant de l'alimentation des bovidés en circuit industriel), d'antibiotiques et d'hormones. Il serait également inadapté à la consommation humaine. Le lactose (ou sucre du lait) et la caséine (protéines du lait) sont difficilement assimilés par notre organisme et à l'origine d'intolérances digestives (ballonnements, crampes, flatulences...), mais aussi de problèmes ORL ou cutanés. Pasteurisés, plutôt que frais et crus, ils sont aussi plus acidifiants pour le corps et donc pro-inflammatoires. Les laits bio ou issus de microfermes, les laits de chèvre ou de brebis en circuits courts, moins riches en caséine et lactose, sont à préférer parce que moins gras, plus digestes et plus éthiques.

Quant au calcium dont les produits laitiers seraient largement pourvus, seule une petite fraction est absorbée par l'intestin grêle. Pour maintenir ou compenser la perte de densité osseuse, mieux vaut se tourner vers les algues, l'ortie, les choux...

QUID DE L'ALTERNATIVE VÉGÉTALIENNE ?

Élaborées à partir de céréales (riz, sarrasin, quinoa, orge...), d'oléagineux (noisettes, amandes, noix de cajou...) ou de légumineuses (soja, lentilles...), ces boissons renferment toutes sortes de nutriments (minéraux, vitamines, fer...) et d'acides gras de qualité sans contenir de lactose ou de caséine. Mais leur dilution à l'eau (environ 80 % du produit fini) en fait des « bombes » nutritionnelles très anecdotiques.

Produites industriellement, elles vont en outre afficher quantité « d'indésirables », comme du sucre (ajouté) et des additifs ou agents texturants (épaississants, stabilisants, émulsifiants, colorants, arômes, sel...) qui n'ont aucun intérêt pour la santé. L'ajout de calcium, souvent revendiqué sur les emballages, n'en a pas davantage.

Reste à les faire soi-même en prenant soin de laisser tremper les graines (ce procédé permet de lancer la germination qui facilite la digestion et l'assimilation) dans une eau de source ou filtrée (pour éviter tout le chlore, les résidus de pesticides, hormones, etc., qui traînent dans l'eau du robinet), de les conserver au réfrigérateur et de les consommer dans les 72 heures max sans dépasser 35 cl par jour. Au-delà, la quantité de lipides et de glucides (attention au lait de riz et d'avoine) contenue naturellement dans ces boissons végétales a tendance à saturer le foie avec des manifestations comme une digestion difficile bien sûr, mais aussi une mauvaise haleine, l'apparition de boutons...

ET QUE PENSER DE LA BOISSON DE SOJA ?

Ce qui dérange dans cette légumineuse désormais cultivée en France, riche en protéines végétales et pauvre en acides gras saturés, c'est la présence de « phyto-œstrogènes » qui, en induisant dans notre organisme des effets comparables aux œstrogènes, pourraient perturber le système endocrinien et augmenter l'incidence de certains cancers hormono-dépendants. Plutôt que « phyto-œstrogènes », mieux vaudrait utiliser le terme d'« isoflavones ». L'action de ces isoflavones, substances chimiques naturellement présentes dans la plante, varie selon leur type et selon l'équilibre hormonal de la personne qui les consomme. Les dernières études scientifiques montrent en effet qu'elles agiraient plutôt comme des modulateurs hormonaux permettant de bloquer les effets néfastes d'œstrogènes lorsqu'ils sont produits en quantité excessive par le corps, et à l'inverse d'en combler le déficit. Il n'en reste pas moins que le soja, selon le mode de consommation, peut avoir des effets indésirables, tels que l'acidification du métabolisme, lourdeurs, ballonnements, maux de tête, démangeaisons... signes d'une intolérance digestive ou d'une allergie.

La 5e saison

Il y a en médecine traditionnelle chinoise, entre chacune des quatre saisons que sont le printemps, l'été, l'automne et l'hiver, une intersaison dont l'idée est séduisante en ce qu'elle figure un sas, un passage.

Cette « 5e » saison représente un état de « ce qui n'est plus » et qui « n'est pas encore ». Une sorte de parenthèse de 18 jours décomposée de la façon suivante : 9 jours pour désamorcer la saison précédente et 9 jours pour préparer la suivante.

Cette intersaison est liée à la Terre. Comme la planète est au centre de notre univers, l'élément Terre est le centre autour duquel s'organisent les autres éléments (feu, bois, métal, eau). C'est là que l'énergie retourne pour se régénérer.

Chaque fin de cycle est donc une invitation à ce que, nous aussi, nous nous recentrions. Revenir en soi pour « digérer » les expériences vécues et se réorienter à partir de ce qui nous importe pour être dans un équilibre juste et stable face aux forces physiques, psychologiques et spirituelles que nous pouvons rencontrer dans notre quotidien. De ce qui est passé, nous pouvons tirer des enseignements (qu'est-ce que je garde, de quoi je me défais...), et pour ce qui vient, poser des intentions (de quoi ai-je besoin pour reconstituer mon énergie, nourrir mes envies...).

L'anxiété (face à l'inconnu qui va suivre), les ruminations (autour de ce qui a été traversé), le découragement (face à ce qui est à accomplir) sont des émotions totalement raccord avec cette 5e saison. Elles sont le signe qu'il est temps de ralentir pour nous occuper de notre centre, pour *nous* remettre au centre.

SIMPLIFIER L'ASSIETTE

Sur le plan physiologique, cette 5e saison est liée au couple rate-pancréas (*yin*) et estomac (*yang*), piliers de la digestion et carrefour des différents mouvements de l'énergie dans le corps. Une alimentation appropriée, tant dans les combinaisons que dans les modes de cuisson, est la meilleure façon de soutenir cette transition. Ainsi consommer en priorité des légumes qui poussent sous la terre (carottes, radis, poireaux, pommes de terre...) ou à fleur de terre (courgettes, potimarrons, persil...), de préférence chauds (pour ne pas refroidir l'estomac et favoriser la rétention d'eau), en évitant tout ce qui est laitage (de nature froide), permet-il de nous enraciner pour nous installer dans plus de stabilité.

FAIRE AUTREMENT

Faire des exercices autour du moment présent... c'est se relier à la Terre. Méditer, en début ou fin de journée, sans imaginer que méditer, c'est « faire le vide ». D'ailleurs, suivre le fil de nos pensées peut être un support de méditation. Marcher dans la nature, jardiner ou nettoyer les bacs à fleurs, faire de la poterie ou de la céramique, les mains en contact avec l'élément Terre. Mais aussi nourrir sa terre intérieure en écoutant de la musique ou en lisant des ouvrages qui permettent de nous ressourcer, de retrouver l'équilibre.

Le moment pour...

L'automne nous met à l'épreuve, physiquement et émotionnellement. L'enjeu de la saison sera double : soutenir le système immunitaire et apaiser le mental.

LE COUP DE FOUET DE LA RUCHE

Moins connu que le miel ou la propolis, le pollen est un autre produit de la ruche aux propriétés immunostimulantes, revitalisantes et antioxydantes. Consommé frais (il est hyperfragile) ou congelé plutôt que sec (il perd de ses qualités), il est riche en protéines végétales, acides aminés, vitamines, oligo-éléments et ferments lactiques précieux pour la flore intestinale.

Comme le miel a des saveurs différentes selon la fleur butinée, le pollen, lorsqu'il n'est pas multifloral, affiche des caractéristiques nutritionnelles propres à son origine. Ainsi le pollen de :

— **pommier** a le spectre le plus large, puisqu'il soutient l'ensemble du métabolisme,

— **ciste** agit sur la bonne santé des intestins et favorise la circulation sanguine,

— **châtaignier** reminéralise l'organisme et lutte contre les coups de mou physiques et émotionnels.

1 c. à s. le matin au petit-déjeuner dans un yaourt végétal (ou pas), une compote, des céréales... pendant 3 semaines en prenant le temps de mâcher afin d'améliorer l'assimilation des nutriments.

NETTOYER SA BOUCHE

La technique du « *oil pulling* » consiste à faire circuler 1 cuillerée d'huile végétale (coco ou sésame pour leurs vertus antibactériennes et antioxydantes) dans toute la bouche pendant 5 à 10 min. L'huile, malaxée avec la salive, va se charger des toxines accumulées (*ama*) pendant la nuit et neutraliser l'acidité de la sphère buccale. Dans la médecine ayurvédique, cette routine matinale est considérée comme un soin préventif et assainissant concernant tout autant la santé dentaire que digestive ou encore l'immunité.

Afin de préserver les canalisations, il est recommandé de recracher l'huile dans un mouchoir en papier avant de le jeter à la poubelle et de se laver les dents.

S'ESSAYER AU *TAPPING*

Le thymus est une petite glande de la taille d'une noix située en arrière du sternum. Petite, mais essentielle au développement, puis à l'équilibre du système immunitaire, elle rétrécit avec l'âge (de 15 g à la naissance jusqu'à 6 g à 70 ans).

La stimulation du thymus appelé aussi « porte de l'énergie » peut être faite en tapotant du bout des doigts la zone qui se trouve juste au-dessous du creux situé à la base du cou et le long de sternum. Cesser le geste dès que la zone « picote ».

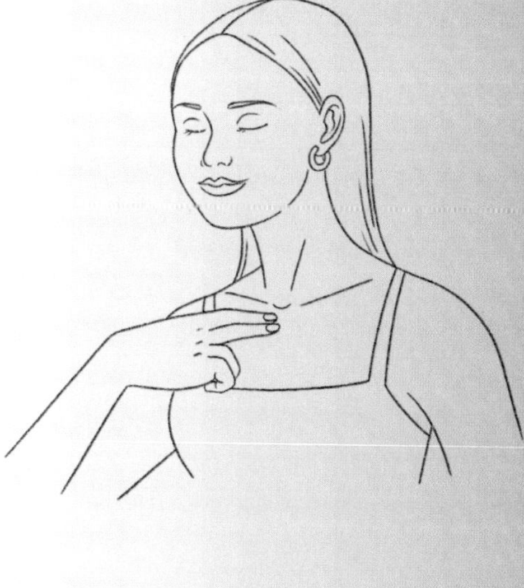

Yoga

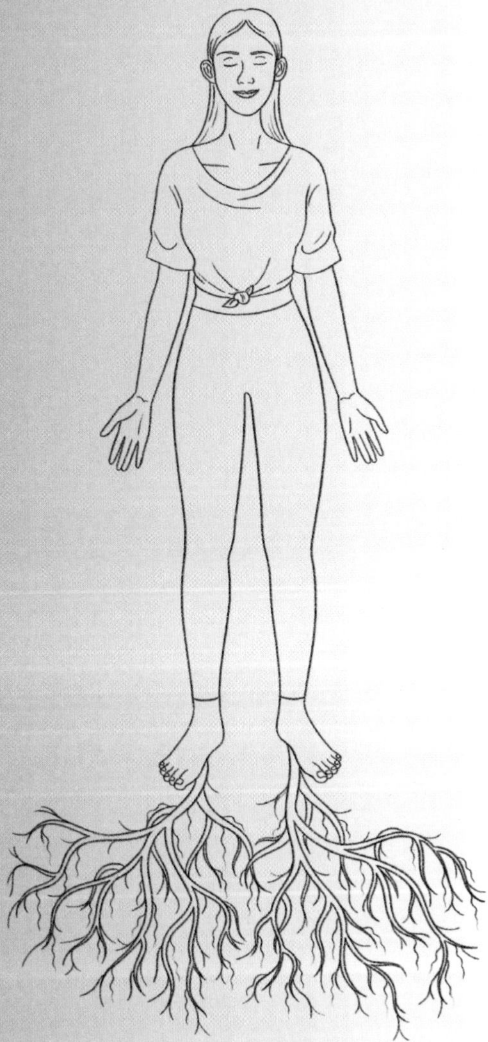

SE RECONNECTER À LA NATURE

À expérimenter dehors, pieds nus à même le sol, lorsque le temps l'y autorise, ou à la maison, ce travail d'imagination qui ouvre souvent les cours de yoga reconnecte le corps et l'esprit à la nature. Celle qui nous entoure, mais celle que nous portons également à l'intérieur de nous.

Technique

Debout ou assis·e, les pieds légèrement écartés et posés à plat sur le sol. Les yeux fermés, sentir l'appui des plantes de pieds, des orteils au talon. Visualiser des racines qui partent de sous la voûte plantaire et s'enfoncent très profondément dans le sol, jusqu'au cœur de la Terre. Imaginer leurs couleurs, leur mouvement, leur texture.

Inspirer profondément par le nez en faisant remonter l'énergie de la Terre jusqu'au sommet de la tête.

Expirer par la bouche en faisant redescendre cette énergie terrestre dans le sol, sous les pieds.

Continuer ainsi pendant 3 à 5 min en se concentrant sur les sensations procurées par cette énergie qui monte et descend le long du corps.

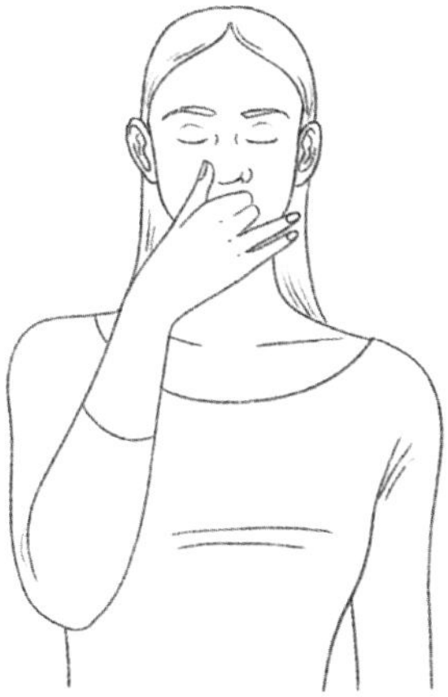

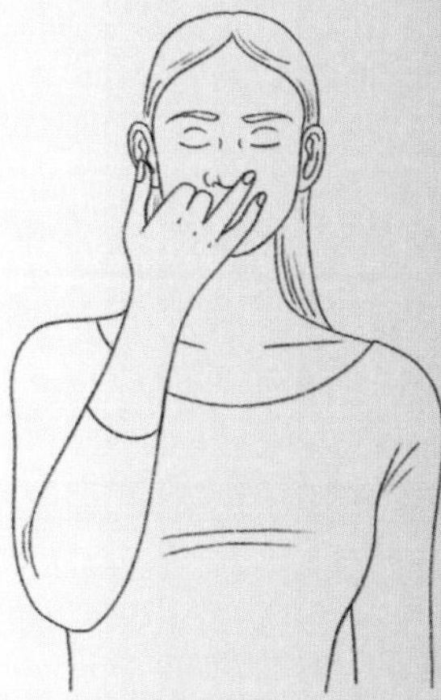

CALMER NOTRE CINÉMA INTÉRIEUR

La respiration alternée (*nadi sodhana*) est une pratique complète dont le but est d'apaiser le mental.

L'examen d'électroencéphalogrammes permettrait de mesurer l'influence favorable sur l'équilibre entre l'hémisphère droit et gauche du cerveau et la stabilité émotionnelle.

Technique

Assis·e en tailleur, la main gauche posée sur le genou gauche.

Placer le pouce droit sur la narine droite, index et majeur repliés dans la paume. Inspirer lentement par la narine gauche. Retenir le souffle 1 ou 2 secondes, puis...

Bloquer la narine gauche avec l'annulaire droit et expirer à fond et silencieusement par la narine droite. Inspirer par la narine droite. Retenir le souffle 1 ou 2 secondes, puis...

Bloquer la narine droite et expirer par la narine gauche. Inspirer par la narine gauche, bloquer la narine droite pour expirer par la narine gauche. Inspirer par la narine gauche et ainsi de suite.

Répéter durant 3 à 5 min.

50 g d'oignons rouges
300 g de figues violettes
2 c. à s. de vinaigre balsamique rouge
1 c. à s. de sucre muscovado
1 c. à s. de coriandre en poudre
1 c. à c. d'huile d'olive
1 feuille de laurier
Sel, poivre

Pour 2 à 3 pots
Préparation : 10 min
Cuisson : 1 h 10

Chutney de figues

Éplucher et émincer les oignons. Les déposer dans une casserole avec l'huile et les faire suer pendant une dizaine de minutes.

Ajouter les figues rincées et coupées en quatre.

Mouiller avec le vinaigre, ajouter le sucre, la coriandre, la feuille de laurier et laisser mijoter à feu doux pendant 1 heure. Prolonger la cuisson si la préparation semble trop liquide.

Saler et poivrer à sa convenance. Verser dans un pot et laisser refroidir.

WECK

4 pommes reine des reinettes
200 g de mûres
4 figues fraîches
4 branches de basilic pourpre
4 mozzarella di bufala
3 c. à s. d'amandes effilées
Huile d'olive
2 c. à s. de miel de fleurs

Pour 4 personnes
Préparation : 35 min
Cuisson : 5 à 10 min

Dessert « été indien »

Rincer à l'eau claire et sécher soigneusement dans un linge propre les figues et les pommes. Ôter le trognon des pommes et les découper en fines lamelles sans les éplucher.

Toaster les amandes effilées à sec dans une poêle à feu moyen. Réserver.

Verser un peu d'huile d'olive dans une poêle et y faire dorer les tranches de pomme en les retournant avec précaution. Débarrasser dans les assiettes. Y ajouter les mûres, les figues fendues en quatre, les boules de mozzarella légèrement déchirées.

Verser le miel dans la poêle encore chaude, feu éteint et avec une spatule, récupérer tout le suc de cuisson des pommes. En arroser les fruits, puis parsemer d'amandes et de feuilles de basilic avant de servir.

8 feuilles de riz
100 g de vermicelles de riz
2 plaques de tofu fumé de 200 g chacune
200 g de pleurotes
200 g de shiitaké
200 g d'épinards frais
1 grappe de raisin noir
4 échalotes
1 c. à c. de graines de sésame
1 c. à c. de cardamome en poudre
1 botte de coriandre
2 citrons verts
Huile d'olive
Huile de sésame
Fleur de sel

Pour 8 rouleaux
Préparation : 50 min
Cuisson : 45 min

Rouleaux d'automne

Rincer à l'eau claire et sécher soigneusement dans un linge propre la coriandre, les feuilles d'épinard et la grappe de raisin. Prélever des pluches de coriandre. Réserver. Couper en 2 les grains de raisin et réserver.

Éplucher les échalotes, les fendre en quatre, ôter le germe s'il y en a un et les faire dorer à la poêle à feu doux dans un peu d'huile d'olive. Réserver au chaud.

Couper le pied des champignons et les essuyer avec un linge humide pour les débarrasser des saletés. Verser de nouveau un peu d'huile d'olive dans la poêle et y cuire en premier les shiitakés pendant 15 min. Débarrasser et réserver au chaud. Puis les pleurotes déchirés dans le sens de la longueur, à feu vif pendant 8 à 10 min.

Équeuter et émincer les épinards puis les faire tomber à la poêle dans le jus de cuisson des champignons, assaisonnés avec la cardamome pendant 2 à 4 min. Saler. Réserver au chaud.

Couper le tofu en bâtonnets et les dorer sur toutes les faces pendant 5 min en graissant très légèrement la poêle. Débarrasser en les saupoudrant de graines de sésame.

Plonger les vermicelles de riz dans de l'eau bouillante salée durant 2 min, les rafraîchir en les passant sous un filet d'eau froide pour stopper la cuisson et égoutter soigneusement.

Ramollir une à une les feuilles de riz dans une assiette d'eau froide et les déposer sur une planche à découper humide.

Poser au milieu et au tiers du bord de la feuille, 1 branche et des pluches de coriandre, 1 shiitaké et des pleurotes, des épinards, 2 ou 3 demi-grains de raisin, 1 ou 2 bâtonnets de tofu et des vermicelles, 1 échalote. Mouiller avec quelques gouttes d'huile de sésame et un trait de citron vert.

Rabattre les côtés de la feuille de riz, puis l'enrouler autour des légumes en serrant le rouleau et en roulant le tout vers le haut. Recommencer avec les autres feuilles de riz.

Vous pouvez les servir avec une sauce faite de tahini, tamarin, huile de sésame, jus de citron vert et gingembre frais râpé.

4 à 5 pommes bio
3 bâtons de cannelle de 6 cm de long
80 cl à 1 l d'eau filtrée

Pour 3 à 4 verres
Préparation : 10 min
Cuisson : 20 à 30 min
Repos : 1 h

Eau de pommes à la cannelle

Rincer les pommes à l'eau claire et les éplucher.

Mettre les épluchures et les trognons de pomme coupées en morceaux dans une casserole et couvrir d'eau. Utiliser la chair pour la compote de pommes (*recette p. 238*).

Ajouter les bâtons de cannelle. Laisser cuire sans faire bouillir 20 à 30 min.

Éteindre le feu et laisser infuser et tiédir à couvert pendant 1 heure.

Filtrer avant de boire et conserver cette infusion au réfrigérateur 24 heures.

250 g de brocoli
250 g de chou-fleur violet
150 g de mûres
1 poignée de pousses d'alfalfa ou de lentilles ou pois verts

Pour la vinaigrette

1 citron vert
1 c. à s. de sirop d'érable
1 c. à s. d'huile de courge
1 c. à s. d'huile d'olive
1 c. à s. de vinaigre balsamique blanc
1 c. à c. de paillettes d'algues
Fleur de sel
Poivre de Sichuan

Pour 4 personnes
Préparation : 25 min

Semoule de chou vert & violet aux mûres

Détailler le chou-fleur et le brocoli en fleurettes et les rincer à l'eau claire. Les sécher soigneusement dans un linge propre.

Déposer le brocoli dans le bol d'un mixeur et hacher finement. Débarrasser dans un saladier.

Faire de même avec le chou-fleur.

Préparer la vinaigrette en mélangeant tous les ingrédients. Verser la moitié de la sauce sur le brocoli et le reste sur le chou-fleur. Mélanger pour imprégner les légumes, puis répartir dans les bols ou assiettes.

Déposer quelques mûres. Saler et poivrer. Décorer avec quelques pousses et paillettes, et servir.

350 g de riz noir nérone (riz noir complet)
1 c. à c. de bouillon de légumes en poudre (Rapunzel®)
1 feuille de laurier
3 citrons confits
1 botte de persil plat
1 botte de coriandre
1 botte d'aneth
1 c. à c. de graines de coriandre
1 c. à c. de sumac
2 c. à s. d'huile d'olive
3 c. à s. de ghee
60 g d'amandes entières
Fleur de sel

Pour 4 personnes
Préparation : 35 min
Cuisson : 55 min
Trempage : 2 h

Riz noir aux herbes & citrons confits

Laisser tremper les amandes dans un bol d'eau filtrée pendant 2 heures, puis les éplucher. Les toaster à sec dans une poêle pour les colorer. Réserver.

Toaster à sec les graines de coriandre pour intensifier leur saveur, puis les transvaser dans un mortier pour les piler avec le sumac. Réserver.

Rincer à l'eau claire les herbes aromatiques et les sécher dans un linge propre. Les ciseler et réserver.

Rincer rapidement le riz sous un filet d'eau. Égoutter soigneusement et le mettre dans une casserole avec 2 fois son volume d'eau froide. Ajouter le bouillon de légumes, la feuille de laurier et mélanger.

Laisser cuire à couvert à feu moyen pendant 45 min. Égoutter si besoin.

Faire chauffer le ghee dans une casserole avec les citrons confits rincés, séchés et émincés. Puis ajouter l'huile d'olive et les épices.

Mouiller le riz avec cette sauce. Ajouter les herbes, les amandes toastées et mélanger délicatement avant de servir.

1 chou-fleur de 500 g
250 g de pleurotes
4 échalotes
12 noisettes grillées
1 c. à c. de bouillon de légumes en poudre (Rapunzel®)
1 yaourt végétal de cajou ou de soja
1 c. à s. d'huile de noisette
1 c. à c. d'huile d'olive
10 brins de ciboulette
Fleur de sel
Poivre blanc

Pour 4 personnes
Préparation : 35 min
Cuisson : 40 min

Purée de chou-fleur aux pleurotes

Éplucher les échalotes et les couper en 4.

Couper le pied des pleurotes et les essuyer avec un linge propre avant de les déchirer dans le sens de la longueur.

Verser l'huile d'olive dans une poêle et y faire revenir les échalotes pendant 5 à 7 min. Puis ajouter les pleurotes et poursuivre la cuisson pendant 20 min. Réserver au chaud.

Détailler le chou-fleur en fleurettes et les rincer à l'eau claire. Les sécher soigneusement dans un linge propre. Le cuire dans 30 cl d'eau aromatisée avec le bouillon pendant 15 à 20 min. Déposer les fleurettes dans le bol d'un mixeur et réduire en purée avec 2 grosses c. à s. de yaourt végétal et l'huile de noisette.

Répartir la purée dans les assiettes, déposer quelques champignons et échalotes, puis décorer avec quelques noisettes grossièrement concassées et la ciboulette ciselée.

1 chou rouge
1 grappe de raisin noir
50 g de noisettes grillées
1 botte de cerfeuil
1 c. à c. de cardamome en poudre
3 c. à s. d'huile de cameline
1 ½ c. à c. de vinaigre de dattes
Pousses de pois ou de radis
Fleur de sel
Poivre vert

Pour 4 personnes
Préparation : 20 min
Repos : 30 min

Salade de chou rouge

Ôter les premières feuilles du chou et le râper finement à la mandoline. Réserver dans un saladier.

Préparer la vinaigrette en mélangeant l'huile de cameline et le vinaigre de dattes, la cardamome, le sel et le poivre, et en arroser le chou rouge. Mélanger soigneusement pour imprégner le chou et le « fatiguer » un peu. Laisser reposer.

Rincer à l'eau claire la grappe de raisin et sécher soigneusement dans un linge propre. Détacher les grains pour les ajouter au chou rouge avec les noisettes grossièrement hachées au couteau. Parsemer de pousses de pois ou de radis et de pluches de cerfeuil avant de servir.

1 avocat
1 banane verte
10 brins de coriandre
Cardamome verte en poudre
1 citron vert
Huile d'olive
Poivre vert (facultatif)

Pour 2 pots
Préparation : 10 min

Crème énergie

Rincer les brins de coriandre à l'eau claire et sécher soigneusement dans un linge propre.

Prélever les feuilles et les déposer avec la banane épluchée et coupée en morceaux, l'avocat épluché et coupé en lamelles dans le bol d'un mixeur avec 1 pincée de cardamome verte en poudre, un trait d'huile d'olive et un trait de citron vert.

Mixer jusqu'à l'obtention d'une crème homogène et onctueuse. Verser dans des ramequins et ajouter un tour de moulin à poivre vert et le zeste du citron vert.

1 boule de céleri-rave de 400 g
240 g de tofu soyeux
10 câprons
1 c. à s. d'huile de cameline ou huile de noix
1 c. à s. d'huile d'olive
1 c. à s. de vinaigre balsamique blanc
Fleur de sel
Poivre

Pour 4 personnes
Préparation : 15 min
Repos : 30 min

Céleri rémoulade vegan

Nettoyer le céleri en l'épluchant et en veillant à ôter les yeux. Le trancher en cubes pour le râper. Le disposer dans un saladier.

Préparer la sauce en mixant ensemble le tofu, les huiles et le vinaigre. Saler et poivrer. Verser sur le céleri râpé.

Émincer les câprons en en laissant 4 entières. Ajouter au céleri et mélanger soigneusement. Placer au frais.

Décorer avec les câprons restants et servir.

3 oignons rouges ou jaunes
4 carottes orange et jaunes
3 courgettes
2 fenouils
2 poireaux
200 g de pois chiches
40 cl de bouillon de légumes en poudre (Rapunzel®)
1 pomme reine de reinette
25 cl de crème de coco
1 botte de coriandre
1 citron vert
1 morceau de gingembre
1 anis étoilé
1 ½ c. à s. de ras el-hanout
Huile d'olive
Fleur de sel

Pour 4 personnes
Préparation : 35 min
Cuisson : 30 à 35 min

Cocotte de légumes

Éplucher et émincer les oignons. Les émincer pour les faire revenir dans une cocotte avec 1 c. à s. d'huile d'olive, 1 c. à c. de gingembre râpé, l'anis étoilé et le ras el-hanout.

Éplucher les carottes. Rincer à l'eau claire les courgettes, les fenouils et les poireaux.

Tailler les courgettes et les carottes en bâtonnets. Émincer les fenouils. Couper le pied et le vert des poireaux (réserver pour un bouillon) et en émincer le fût (blanc).

Jeter tous les légumes dans la cocotte et mouiller avec le bouillon de légumes.

Mélanger et cuire 15 à 20 min à feu doux.

Rincer à l'eau claire et sécher soigneusement dans un linge propre la pomme, l'émincer après avoir retiré le trognon.

Rincer à l'eau claire et égoutter soigneusement les pois chiches. Les ajouter en même temps que la pomme dans la cocotte. Verser la crème de coco. Mélanger délicatement et cuire 5 min. Saler si besoin.

Servir avec des pluches de coriandre et des zestes de citron vert.

2 oignons rouges

2 gousses d'ail

1 morceau de gingembre frais

1 c. à s. de curcuma en poudre

1 c. à s. de coriandre en poudre

1 c. à s. de garam massala

1 c. à c. de cumin en poudre

1 c. à c. de bouillon de légumes en poudre (Rapunzel®)

500 g de tomates concassées

500 g de pousses ou feuilles d'épinard

300 g de tofu ferme

Ghee (ou beurre clarifié)

Fleur de sel

Pour 4 personnes

Préparation : 40 min

Cuisson : 35 à 40 min

Palaak paneer vegan

Éplucher et hacher grossièrement les oignons. Éplucher et écraser les gousses d'ail avec la lame d'un couteau.

Verser 2 c. à s. de ghee dans une large poêle et y faire dorer sans cesser de remuer les oignons et l'ail. Débarrasser.

Puis dans la même poêle, faire chauffer l'équivalent de 1 c. à s. de gingembre mélangé au garam massala, au curcuma, à la coriandre et au cumin.

Ajouter le bouillon de légumes, les oignons et l'ail, et y verser les tomates concassées durant 20 min de cuisson à feu doux.

Rincer les épinards à l'eau claire et les sécher soigneusement avec un linge propre. Couper la tige et les émincer finement s'il s'agit de feuilles, les laisser entières s'il s'agit de pousses et les faire perdre leur eau dans une poêle avec 1 c. à s. de ghee. Égoutter et réserver au chaud.

Émietter le tofu et le mélanger avec 1 c. à c. rase de gingembre râpé.

Verser un peu de ghee dans la poêle, y jeter le tofu pour 10 min de cuisson. Ajouter les épinards à la fondue de tomates. Saler si besoin et parsemer de crumble de tofu avant de servir.

1 pied de céleri-branche bio

2 petites pommes bio

1 botte de coriandre bio

1 grande lamelle de gingembre de 5 mm d'épaisseur

½ c. à c. de klamath (poudre d'algues)

Un peu d'eau filtrée

Pour 2 grands verres

Préparation : 7 min

Jus de céleri

Rincer à l'eau claire et sécher soigneusement les branches de céleri avant de les couper en morceaux. Récupérer la moitié des feuilles (le reste servira dans une soupe).

Rincer à l'eau claire les pommes et sécher soigneusement. Ôter les trognons et les couper en quartiers.

Rincer à l'eau claire et sécher soigneusement la coriandre.

Placer tous les ingrédients dans l'extracteur de jus.

Délayer avec un peu d'eau filtrée et ajouter la poudre d'algues (klamath).

Mélanger et boire aussitôt.

1 petite courge butternut ou ½ courge
1 kg de petites carottes
1 botte de menthe
1 c. à c. de graines de coriandre
1 c. à c. de graines de fenouil
1 grappe de raisin rouge
100 g de jeunes pousses d'épinard
1 c. à s. d'huile d'olive
Fleur de sel
Poivre blanc

Pour la vinaigrette
25 g de beurre demi-sel
2 c. à s. de miel de citronnier
1 c. à s. de vinaigre balsamique blanc
1 c. à s. d'eau de fleur d'oranger
1 citron
2 c. à s. d'huile d'olive
2 c. à s. d'huile de pépins de raisin

Pour 4 personnes
Préparation : 35 min
Cuisson : 40 min

Salade de carottes, courge & miel

Préchauffer le four à 180 °C (th. 6).

Verser les épices en graines dans un mortier et les concasser au pilon. Réserver.

Rincer la courge sous un filet d'eau fraîche. La couper en 2 dans le sens de la longueur. L'égrainer et la trancher en lamelles de 5 mm d'épaisseur. Répartir les lamelles sur une plaque couverte d'une feuille de papier sulfurisé.

Verser l'huile d'olive dans un bol et ajouter les épices concassées. Saler. Badigeonner la courge de ce mélange et enfourner la plaque pour 25 min.

Éplucher les carottes et les déposer dans le panier du Vitaliseur ou du cuit-vapeur pour 7 min de cuisson. Les ajouter à la courge 5 min avant la fin de la cuisson.

Rincer à l'eau claire et sécher soigneusement dans un linge propre les pousses d'épinard et la menthe. Faire de même avec la grappe de raisin.

Dresser les pousses dans un grand plat, poser les tranches de courge et les carottes par-dessus, puis quelques grains de raisin et parsemer de feuilles de menthe.

Préparer la vinaigrette en faisant fondre le beurre dans une casserole. Ajouter le miel. Mélanger et attendre que le liquide devienne un peu mousseux. Verser le vinaigre, l'eau de fleur d'oranger et le jus du citron pressé. Réduire de moitié à feu doux. Retirer du feu et ajouter les huiles lorsque le liquide a bien tiédi.

En arroser la salade de carottes. Verser le reste de sauce dans un pot à confiture et conserver au frais 1 semaine.

1 kg de pommes

1 c. à c. de ghee ou d'huile de coco non désodorisée

2 anis étoilés

½ c. à c. de cannelle

1 c. à c. de quatre-épices

Pour 4 personnes

Préparation : 15 min

Cuisson : 12 à 20 min

Compote de pommes aux épices

Éplucher les pommes et ôter le trognon. Les découper en morceaux et les mettre dans une casserole avec le ghee ou un peu d'huile de coco et les anis étoilés. Faire fondre à couvert et à feu doux pendant une douzaine de minutes (selon la variété des pommes). Ajouter un peu d'eau si nécessaire pour éviter que les pommes n'attachent.

Ajouter les épices avant la fin de la cuisson.

1 chou-fleur (700-800 g)
150 g de kasha ou sarrasin grillé
1 c. à c. de graines de coriandre
2 gousses de cardamome verte
1 gousse de cardamome noire
1 c. à c. de graines de fenouil
60 g d'amandes entières
Quelques branches de cerfeuil
3 c. à s. d'huile d'olive

Pour la vinaigrette
2 c. à s. d'huile d'olive
1 c. à s. d'huile de lin
1 c. à s. de vinaigre balsamique blanc
1 c. à s. de vinaigre de riz

Pour 4 personnes
Préparation : 20 min
Cuisson : 35 min
Trempage : 1 h

Chou-fleur aux épices & kasha

Laisser tremper les amandes dans un bol d'eau filtrée pendant 1 heure.

Préchauffer le four à 210 °C (th. 7).

Prélever toutes les fleurettes du chou-fleur et les passer sous un filet d'eau froide. Les sécher soigneusement dans un linge propre.

Les répartir sur une plaque couverte de papier sulfurisé.

Fendre les cardamomes pour récupérer les graines.

Déposer toutes les graines dans le bol d'un mortier et les broyer avec un pilon.

Les mélanger avec l'huile d'olive et en badigeonner les fleurettes. Saler et enfourner pour 20 min.

Cuire le sarrasin dans de l'eau bouillante pendant 15 min (ou moins selon le temps indiqué sur le paquet). Égoutter soigneusement.

À la sortie du four, déposer les fleurettes dans un saladier, ajouter le kasha et mouiller avec la vinaigrette. Mélanger.

Servir avec les amandes grossièrement concassées et des pluches de cerfeuil.

1 paquet de soba de 200 g
2 ou 3 aubergines (800 g)
2 oignons
4 jaunes d'œufs de ferme bio
1 poignée de mizuna
(ou feuilles de moutarde ou de shiso)
1 c. à s. de miso jeune
½ à 1 c. à s. de sucre complet
1 c. à c. de graines de sésame blanc
1 c. à s. de vinaigre de riz
Huile de sésame
Huile de pépins de raisin
Fleur de sel
Gingembre mariné

Pour 4 personnes
Préparation : 35 min
Cuisson : 45 min

Aubergines miso & soba

Rincer à l'eau claire les aubergines et les sécher soigneusement dans un linge propre. Couper le pédoncule. Les fendre dans le sens de la longueur, puis recouper chaque moitié en 2, puis de nouveau en 2, de manière à obtenir de larges bâtonnets.

Les répartir sur une plaque recouverte d'une feuille de papier sulfurisé après les avoir badigeonnés d'huile de pépins de raisin, puis enfourner durant 20 min.

Mélanger le miso, l'huile de sésame, le vinaigre de riz et le sucre jusqu'à l'obtention d'une mixture homogène.

Badigeonner les aubergines de ce mélange et enfourner pour encore 20 min avec les oignons épluchés en coupés en quartiers de taille moyenne. L'ensemble doit caraméliser. Couvrir avec une feuille de papier sulfurisé si les légumes brunissent trop vite.

Rincer à l'eau claire et sécher soigneusement dans un linge propre la mizuna ou les feuilles de shiso.

Cuire les nouilles soba en les plongeant dans de l'eau bouillante pendant 5 min. Les égoutter et les passer sous un filet d'eau froide pour stopper la cuisson et les rafraîchir.

Répartir dans 4 bols. Ajouter les légumes cuits, puis les herbes et 1 jaune d'œuf par bol. Saler le jaune, parsemer de graines de sésame et consommer sans attendre avec des lamelles de gingembre mariné.

8 poireaux crayon
8 œufs de ferme bio
1 pot de skyr de soja
2 c. à s. d'huile de colza
2 c. à s. d'huile d'olive
1 ½ c. à s. de jus de citron vert
1 c. à s. de vinaigre de riz
1 c. à s. de purée d'amandes blanches
1 botte de cerfeuil
Fleur de sel
Poivre vert mélangé à des graines de fenouil et de coriandre dans le moulin

Pour 4 personnes
Préparation : 20 min
Cuisson : 21 à 26 min

Poireaux mayo vegan

Fouetter vigoureusement 8 c. à s. de skyr de soja avec l'huile de colza et d'olive, le jus de citron vert et le vinaigre de riz. Puis ajouter la purée d'amandes blanches pour épaissir et lier la « mayonnaise ».

Couper le pied des poireaux et enlever la première feuille. Les passer sous l'eau claire pour les débarrasser de la terre. Les tailler en fuseaux et réserver le vert pour un bouillon de légumes.

Déposer les poireaux dans le panier du Vitaliseur ou du cuit-vapeur et cuire durant 15-20 min.

Plonger les œufs dans une casserole d'eau froide et les cuire pendant 6 min.

Les transvaser dans un saladier d'eau glacée pour stopper la cuisson. Les écaler et les couper en 2.

Répartir les poireaux dans les assiettes, écaler les œufs et poser 4 demi-œufs dans chaque assiette. Napper de mayonnaise vegan. Saler. Donner un tour de moulin avec le mélange de poivre vert, graines de fenouil et coriandre. Parsemer de pluches de cerfeuil.

200 g de haricots mungo
1 boule de céleri-rave (400 g)
3 oignons rouges
1 c. à c. de bouillon de légumes en poudre (Rapunzel®)
1 c. à s. d'huile d'olive
1 c. à s. d'huile de noix
1 c. à c. de mélasse de grenade
1 c. à s. de vinaigre balsamique rouge
40 g de noix de Grenoble
1 botte de persil plat
1 feuille de laurier
1 branche de thym
Pousses de betterave
Fleur de sel
Poivre

Pour 4 personnes
Préparation : 20 min
Cuisson : 30 min
Trempage : 12 h

Salade réconfort

Verser les haricots mungo dans un saladier et les couvrir d'eau filtrée pour les laisser tremper durant une nuit.

Les égoutter dans une passoire et les rincer sous un filet d'eau froide.

Remplir une casserole d'eau et l'aromatiser avec le bouillon de légumes, le laurier et la branche de thym. Verser les haricots. Cuire 30 min à feu moyen.

Éplucher le céleri en enlevant tous les yeux, puis le couper en quartiers. Éplucher les oignons et les émincer. Les placer ensemble dans le panier du Vitaliseur ou du cuit-vapeur et cuire 10 min.

Toaster à sec dans une poêle chaude les noix de Grenoble coupées en deux. Réserver.

Verser un peu d'huile d'olive dans la même poêle et y faire colorer les quartiers de céleri et d'oignon.

Rincer à l'eau claire et sécher dans un linge propre quelques branches de persil plat. Ciseler finement et réserver.

Préparer la vinaigrette en mélangeant l'huile d'olive, l'huile de noix à la mélasse de grenade et au vinaigre balsamique rouge.

Égoutter les haricots et les mettre dans un plat. Placer les quartiers de céleri et d'oignon, puis parsemer des noix de Grenoble toastées et de persil ciselé. Saler si besoin et poivrer. Servir décoré de quelques pousses de betterave.

50 cl de boisson de noisette non sucrée
4 c. à s. de purée de noisettes
35 g de sucre muscovado
25 g de fécule de maïs
25 ml d'eau
1 douzaine de noisettes grillées
Sirop d'érable
Quelques feuilles de basilic pourpre

Pour 4 à 6 petits pots
Préparation : 10 min
Cuisson : 5 à 10 min
Repos : 2 h

Crème noisettes & sirop d'érable

Verser la boisson de noisette dans une casserole et la faire chauffer à feu doux. Lorsqu'elle est chaude, y faire fondre la purée de noisettes.

Mélanger le sucre et la fécule dans un bol. Mouiller avec l'eau et remuer pour bien amalgamer.

Verser le tout dans la casserole et remuer constamment avec une spatule en bois pour épaissir la crème.

Répartir dans des petits bols et laisser refroidir à l'air ambiant avant de placer au réfrigérateur jusqu'au moment de servir.

Concasser grossièrement les noisettes et les répartir sur les petits pots de crème. Arroser d'un peu de sirop d'érable, décorer de feuilles de basilic.

Index par thématique

DIÈTE VERTE

DÉTOX SOUPES

ÉLIXIRS SANTÉ

VEGAN

DESSERTS

Index par ingrédient

Remerciements

Merci à Philippe Vaurès Santamaria qui partage avec moi le goût des nourritures bienfaisantes. Merci pour ta patience lorsque je décide au dernier moment de changer la recette, l'assiette, le fond pour t'emmener dans ce qui, pour moi, conjugue « le bon et le beau ».

Merci à ma fille Alice pour son regard sensible et son trait poétique sur tout ce qui m'anime, me touche et m'enchante.

Merci à ma fille Pauline et ma petite-fille Charlie qui, chacune à leur façon, m'invitent à écouter leurs préférences et ainsi me renouveler avec humilité.

Merci à toutes les élèves et les femmes qui, depuis 2019, me font confiance et suivent avec enthousiasme les diètes vertes, détox, cures vitalité que je propose en ligne. Se nourrir est un vaste sujet et c'est ensemble que nous explorons tous ses territoires.

Merci à mon éditrice Rose-Marie Di Domenico pour son soutien et Cyrielle Massieux pour son écoute. Sans elles deux, ce livre serait resté dans un coin de mon cœur mais n'aurait certainement pas fini entre vos mains.

Merci à ma maman qui, en m'inscrivant à 9 ans aux cours de cuisine des Allocations Familiales, a fait de moi une étrange petite fille mais a semé une graine qui n'a cessé de croître en s'amusant des mélanges de saveurs, de couleurs, de textures.

Que ce livre vous aide à vous faire le plus grand bien.

Caroline Wietzel

ISBN : 978-2-412-07468-8
Dépôt légal : septembre 2024
Imprimé en Slovénie par DZS

Direction éditoriale : Marie-Anne Jost-Kotik
Responsable éditoriale : Rose-Marie Di Domenico
Édition : Cyrielle Massieux
Fabrication : Laure Bueno

Direction artistique : Hic et Nunc studio
Mise en pages : Hic et Nunc studio
Correction : Nathalie Reyss et Natacha Kotchetkova

Éditions First
92, avenue de France, 75013 Paris
01 44 16 09 00
firstinfo@efirst.com
www.lisez.com

#lisez! engagé
www.lisez.com
Imprimé sur du papier issu de forêts gérées durablement.
Plus d'information ci-dessus